智元微库
OPEN MIND

成 长 也 是 一 种 美 好

世界名校升学规划

让你脱颖而出的9种学习力

姜方洲 / 著

人民邮电出版社

北京

图书在版编目（CIP）数据

世界名校升学规划：让你脱颖而出的9种学习力 / 姜方洲著 . -- 北京：人民邮电出版社，2025. -- ISBN 978-7-115-67654-2

Ⅰ . G791-49

中国国家版本馆 CIP 数据核字第 20257RA390 号

◆ 著　姜方洲
　责任编辑　刘艳静
　责任印制　周昇亮

◆人民邮电出版社出版发行　　北京市丰台区成寿寺路 11 号
邮编 100164　电子邮件 315@ptpress.com.cn
网址 https://www.ptpress.com.cn
天津千鹤文化传播有限公司印刷

◆开本：880×1230　1/32
　印张：8.125　　　　　　　　2025 年 8 月第 1 版
　字数：174 千字　　　　　　2025 年 8 月天津第 2 次印刷

定　价：69.80 元

读者服务热线：（010）67630125　印装质量热线：（010）81055316
反盗版热线：（010）81055315

赞誉

　　姜方洲从中国西北小城走向世界顶尖学府的奋斗历程生动诠释了美国高等教育的力量。这本书不仅向我们展示了在全球竞争中脱颖而出所需的智识与韧性，更让我们看到这种奋斗背后的非凡意义。

　　方洲很早就展现出了创业者的思维特质，他理解支撑这一切的核心能力源于他在教育中打下的深厚基底。在人工智能重塑世界的今天，这样的教育理念与能力培养模式比以往任何时候都更重要。

　　我与方洲相识已五年有余，他的故事向我们展示：当教育与远见、毅力结合后，不仅能推动个人的成长，更能跨越国界，为人生开拓无限可能。这是一部饱含力量、鼓舞人心的作品，值得关注教育的人细细品读。

杜宁凯（Nicholas Dirks）博士

加州大学伯克利分校第十任校长，哥伦比亚大学前常务副校长

　　在苏世民书院多年的教育探索中，我始终坚信真正的领导力源自推开未知之门的勇气。这种勇气扎根于持续学习、不断突破自我的能力，而这也正是这本书所阐释的"学习力飞轮"背后的精神内

核。这本书是一位创业者写给年轻一代的寄语。姜方洲用亲身经历和深刻洞察为读者勾勒出一条穿越失败、重塑自我并最终走向卓越的轨迹。他将创业精神与学习哲学巧妙融合，引导学生在每一个决策点上，做出属于自己的勇敢选择。

潘庆中　博士

清华大学苏世民书院常务副院长、教授

这部作品以独到的创业思维重构了学习与成长的本质。它不仅为学子们提供了一套培养抗压能力、战略思维和前瞻视野的实用工具，更有助于年轻人在学业及未来人生中掌握主动权。无论你志在何方，这本书都有助于能赋予你突破自我、开创新局的关键能力。

星友启（Tomohiro Hoshi）博士

斯坦福在线高中校长

当下科技高速发展，社会在复杂环境中前行，中国教育需要实现从培养"解题者"到塑造"问题定义者"的角色转变。随着人工智能时代的到来，如何让学习者能够驾驭高科技，又不至于沦为"技术工具"，已成为时代赋予教育的重要课题。本书强调的九种学习能力，正是下一代肩负时代使命所需的基本素养。作者姜方洲基于中美教育实践的深度感悟和切身理解，以全球视野撰写了这本好书。它值得学生、家长和教育工作者共同赏析研读。

姚望　博士

欧美同学会副会长

在人工智能重构产业格局，甚至重新定义"智能"概念的时代，教育的核心命题已然发生了根本转变——重点不再局限于"学什么"，而更加注重"如何学习"和"如何创造价值"。姜方洲的思考与实践，为我们提供了极具启发性的答案。

从他的个人成长轨迹到书中构建的方法体系，这份写给"Z世代"的成长指南，精准把握了指数级变革时代的生存法则。作为OpenAI的投资人，我深切体会到：在技术狂飙突进的时代，最稀缺的，永远是那些既能把握变革脉搏，又能引领创新方向的思考者。

本书呈现的"学习范式"超越了传统的知识积累模式——它锻造的是一种创业者式的敏捷学习力，这正是未来创造者们不可或缺的核心能力。在这个充满不确定性的时代，这种学习模式的价值怎么强调都不为过。

阿普夫·阿格拉瓦尔（Apoorv Agrawal）

OpenAI 投资人

在这个科技深刻影响教育的变革时代，学习的边界正在被不断重新定义。本书在传统教育智慧与时代发展新需求之间搭建了一座富有洞察力的桥梁。作者以自己从中国走向世界的求学创业历程为主线，将领导力与创业思维有机融合，深入阐释了年轻人如何在充满机遇与挑战的环境中实现自我突破。

在近二十年的商学院教学中，我发现杰出的创业者和行业引领者都具备持续学习的长远眼光，而在人工智能等新技术带来重大影响的当下，这种能力更显珍贵。本书作者正是这样的典型代表，他基于丰富的实践经验，提炼出一套系统性的学习成长理念，为我们重新思考现代学习方式提供了重要启发。这不仅是送给学生的实用指南，更是帮助教育工作者和家长理解人才培养规律的宝贵资源。

何治国　博士

斯坦福大学商学院金融学讲席终身教授

作为一名常年与创业者同行的投资人，在阅读方洲这本书时，我发现它道尽了我对创业者素质的所有期待。现实中，创始人往往在某几个领域出类拔萃，在其他关键维度存在明显短板。方洲的洞见在于：承认不完美恰恰是创业征程最好的起点。这本书的价值不仅在于指明方向，更在于教会我们：直面短板，或许才是突破成长瓶颈的第一步。

黄匡杰

春华资本创始合伙人

在 AI 时代里，提升学习力成为每个人不容逃避的成长课题。在近 20 年的商学院授课和研究中，我发现很多创业者和企业一把手都是超强的"长期主义"学习者——本书作者也是其中之一。他在求学、创业和经营中积累了大量丰富的经验，由此整合提炼出的"学习力飞轮"能够为构建并拓展个人学习体系带来深刻启发。我们都可以怀着创业心态去持续学习，越冒险，越广阔。

张晓萌　博士

长江商学院副院长、管理学系组织行为学副教授，

《韧性：不确定时代的精进法则》作者

在过去二十多年间，我始终身处全球顶尖高校的招生工作一线，目睹了无数学子与家庭在这条充满挑战的大学申请之路上的迷茫与求索。方洲的这部作品，无疑是他们前行路上的宝贵指引。

他从自身留学经历出发，汇聚了成百上千申请者的实战经验，结合扎实的数据分析，独创性地提出了"学习力飞轮"这一创新框架。这不仅仅是一套升学指导方案，更是一套能够持续释放潜能、实现人生跃迁的成长方法论。

方洲以创新创业的独特视角，系统性地阐述了贯穿学业发展、职业规划和人生进阶的核心能力培养体系。无论你身处人生哪个阶段，这本书都能清晰地为你指引方向，提供切实的行动启发，以及展望未来旅程的全新视角。

金柏莉·林赛（Kimberley Lindsay）
斯坦福大学前招生办高级助理主任，西北大学前招生办副主任

在我的职业生涯中，我审阅过上万份大学申请材料。那些标准化考试成绩拔尖、活动经历繁复的申请，在某些程度上往往流于形式、趋于雷同。但总有一些学生不一样，他们展现出了真正的创业思维：主动出击、解决问题、创造价值，并在过程中进行深入反思。他们的申请文书也因此生动鲜活，最能吸引顶尖大学招生官的注意。

在这本书中，方洲将他创业历程中的宝贵经验，转化为具体可行的建议，巧妙地呈现给当代学生。他通过引人入胜的故事和切实可行的方法，展示了学生如何运用创业者的思维模型，打造出属于自己的独特成长路径。

这本书所传达的理念与方法，正是当今学生在大学申请中最需要的——构建真实、有深度的个人叙事，进而在最具竞争力的申请环境中脱颖而出。

米歇尔·汤普森（Michele Thompson）

密歇根大学罗斯商学院前招生办主任

与我的搭档方洲并肩奋斗的 12 年里，我见证了他每一步的坚定与执着：他凭借超强的意志力和精准的洞察力，从中国小城走到高盛、哈佛、斯坦福、清华等顶尖学府和企业。在睿深，他所展现的卓越领导力与和远见卓识，也每每令我折服。

方洲的故事真切地体现了教育的力量——它能够重塑人生的轨迹，打开通向世界的窗口。相信这本书中蕴含的实用经验和行动指南，也能为你的梦想插上翅膀，助力你找到属于自己的那份勇气与力量。

杰米·比顿（Jamie Beaton）博士

睿深（Crimson）教育集团首席执行官

作为一位在硅谷工作与生活二十年的科技行业从业者，我有幸读到方洲这部融合成长路径、个人选择与社会价值的人生说明书。

作者以亲身经历为线索，串联起一个个关于目标设定、坚定实践和反思修正的真实故事，不仅讲述了"如何进入理想大学"，更展现了"如何成长为社会真正需要的人才"。书中融合了经济学与社会学的分析视角，清晰地勾勒出通往成功的底层逻辑——这些素养与思维方式，不仅是顶尖大学所看重的，也是我们科技公司识别、培养和赋能人才时的核心衡量标准。

令人尤为印象深刻的是，作者讲述了自己打破思维定式、挑战固有偏见的法门。这种认知突破，正是所有成长与创新之路上的关键一步。

无论是对年轻人、教育者，还是对关注未来人才发展的组织而言，这本书都值得一读。

沈诗哲

Meta 虚拟现实光学总监

序言

激活学习力飞轮，用创业思维做好人生规划

求学之路的转折点

2014 年 5 月的一个周四清晨，我冒雨赶去上早上 9 点的线性代数课。那时我刚从新西兰的一所高中毕业，一边在一家金融公司实习，一边在奥克兰大学预修大二数学课的学分。新西兰的冬天向来不怎么讨喜，总是狂风大作，阴雨绵绵，衣服总是潮乎乎的。

突然，兜里的手机震动了一下，我拿出来瞥了一眼：

澳大利亚国立大学奖学金通知书——姜方洲

我的呼吸陡然一紧，"等等，该不会是……"，我停下脚步，心开始怦怦地跳。因为手指不听使唤，我在解锁手机屏幕时，试了三次才成功。我迫不及待地打开了收件箱，发现邮件的发件人是澳大利亚国立大学招生办。点开附件，以下文字跃入眼帘：

姜方洲同学，

恭喜您获得澳大利亚国立大学的国际学生奖学金，包含全

额国际学生学费与海外学生医疗保险。期待您的确认回复。

大脑空白了足足 30 秒后，我反复读了 5 遍那几行字，核对了地址和姓名，才敢相信这封信件真的是给我的，上面确确实实写着我的名字。

我站在异国街头，往事突然翻涌。2014 年上半年是我人生中极难熬的一段时光，那时的我一直在为大学学费发愁，经济上的压力也越来越大。

我在陕南的小城安康长大。安康地处秦巴山区，与最近的国际机场隔着茫茫秦岭。从小我便深知，读书是我走出大山的唯一出路。我的父亲高中毕业后没有机会读大学，但他始终相信教育的重要性。在我出生后不久，他从亲戚朋友那里东拼西凑，借钱完成了继续教育，成为我们家族中第一个拥有大学文凭的人。

15 年后，我的父母又做了一个艰难的决定，但这次是为了我。母亲在新西兰的朋友提出了一个大胆的想法："为什么不把方洲送到新西兰读高中和大学呢？那里的教育环境可能对他有好处！"

这个提议让我们一家既兴奋又忐忑。家族里的长辈们听闻后，毫不犹豫地表示反对："这怎么行？这么小就出国留学，那是有钱家庭才做的事。你们是工薪阶层，没那个条件。"

大家说得也没错。在那个时候，新西兰学校的学费加上生活费，如果换算成人民币，远远超出我父母在事业单位的收入。但我的父母似乎并没有过度纠结当时的财务状况，他们始终坚信优质教育对个人全面发展的重要性。为了满足新西兰学生签证的最低存款要求，他们毅然卖掉了房子，搬回了父亲单位的老旧家属院。

　　这份孤注一掷的托举，既让我深知肩负的重担，又让我倍加珍惜每一个学习的机会。通过三年的不懈努力，我有幸成为新西兰历史上第一个荣获总理奖学金的国际学生。在新西兰国会大厦里，时任总理的约翰·基（John Key）爵士授予我代表新西兰国家最高学术荣誉的奖章和证书。

　　2013 年底，我从奥克兰北岸的一所高中毕业。当我从学校礼堂走出来时，就面临着一个迫在眉睫的挑战：我的大学学费该如何解决呢？

　　父母为供我读高中已倾尽全力，那些年他们没有旅行过，也几乎没买过新衣服。即便他们一直省吃俭用，国际学生高昂的大学学费仍然远远超出他们的负担能力。虽然我获得了新西兰国家最高学术荣誉奖，但教育部每年提供的奖学金仅能覆盖四分之一的学费，而新西兰几乎没有大学能为国际学生提供全额奖学金。奥克兰大学提供的最高奖学金为每年 7500 新西兰元（折合人民币 3 万多元），但我连申请资格都没有——它只对本地学生开放。

　　如果我无法解决资金缺口问题，就只能回国上大学。但这同样不现实。中国高考是世界上竞争非常激烈的大学入学考试之一，而我没有在国内上高中，完全没有竞争力，估计连一本线都难以达到。

　　没办法，我开始在邻国澳大利亚寻找更多机会，并发现澳大利亚国立大学竟可以为国际学生提供全额奖学金。尽管这所大学每年只有两个全额奖学金名额，我还是硬着头皮提交了申请。我对自己的未来越来越感到焦虑，因为大多数朋友已陆续开启大学生活。学年已过半，我仍深陷困境，我的签证也即将到期……

　　收到澳大利亚国立大学录取通知书并得知获得全额奖学金的那

天，我如释重负。终于，我不再需要让父母为我的学业背负经济压力，也不必倒数签证到期的日子。这是我人生中的一个重要转折点，它让我踏上了一条通往世界一流教育的道路，并在未来几年里获得了改变职业命运的机会。

写这本书的动力

12 年前，我与杰米·比顿（Jamie Beaton）联合创办了睿深教育集团，致力于为全球优秀学生提供定制化的大学申请和职业辅导。过去 12 年，我们的业务拓展到六个大洲近 30 个国家，我们已雇用近千名全职员工和 4000 多名签约导师，为全球数万名学生提供一对一升学和就业指导。截至 2025 年 5 月，睿深教育集团服务的学生已收到超过 1300 份常青藤盟校本科录取通知书以及 400 份牛津大学、剑桥大学的本科录取通知书，达到了同行业前所未有的规模和国际化水平。

随着指导的学生越来越多，我逐渐意识到一个现实：尽管学生的智力水平、学术能力不断提升，但无论是在思想层面，还是在技能层面，很多年轻人普遍缺乏创业思维。年轻一代普遍面临耐挫力不足、目标感和原动力缺失、时间管理不善及注意力不集中等问题。当被问及未来规划时，他们的回答往往含糊、犹豫甚至完全没有想法。

很多学生与我初次见面时，下意识地认为带有"创业"性质的课外活动要么遥不可及，要么与自己毫不相干。这种迟疑态度往往源于校内缺乏创业大环境的支持，而部分学校也没法及时为学生提供培养创业思维所需的资源、指导或鼓励。

与此同时，全球就业市场却是另一番景象。在人工智能（AI）、机器人技术以及清洁能源发展等科技变革的推动下，社会正在以前所未有的速度发展。根据 2023 年世界经济论坛发布的《2023 年未来就业报告》，2027 年之前，每个员工平均约有 44% 的技能需要升级。对于目前的学生而言，掌握基本的技能已远远不够。学校教育和就业需求之间存在一定脱节：那些培养未来劳动力的学校和机构，往往在培养学生的创业素养上仍有欠缺，客观上限制了他们在这个瞬息万变的世界探索和发展的必要能力。

2021 年 1 月，我去新加坡出差，与服务的多个家庭面对面交流。在一次会议上，我遇到一个特别的家庭，其成员包括一位母亲、一对双胞胎姐妹、一位阿姨和一位表妹。她们希望获得指导，以适应新加坡的新生活，并为未来申请美国的大学做准备。她们听得专注而认真。我坐在对面，向她们分享了自己从中国到新西兰、澳大利亚、美国等国家的旅程，重点谈到如何快速提高英语水平、适应新文化和培养有效学习习惯的秘诀。最重要的是，我还分享了作为一名创业者，在建立和快速发展一家跨国企业过程中的心路历程。

会议结束时，三个孩子和她们的家长都兴奋不已。那位母亲抓着我的胳膊，认真地说："方洲，你的故事太励志了，你应该写一本书分享给更多的人！"

我有些受宠若惊。我？写书？这怎么可能？作为一个理工男，我一直在为写作苦恼。现在，要我完成一整本书，简直是难上加难。

觉察到我的迟疑，那位母亲坚定地说："我是认真的。你把创业思维和当代教育联系起来的形式让我很是受用。许多学生和家长都能从中发现价值。不妨一试！"

她的坚定点燃了我的激情，也让我意识到，我在陌生领域摸爬滚打、了解不同文化、考入多所世界名校并获得奖学金、创建估值超过 40 亿元的跨国集团的经历，可能会对学生产生积极的影响，并激励他们未来的学习和成长。

2022 年 2 月，这个想法再次浮现，且愈发强烈。

我最好的朋友、我的人生导师杰米，在那个月出版了新书《被录取了！进入世界名校的秘诀》（*Accepted! Secrets to Gaining Admission to the World's Top Universities*）。这是一本获评《今日美国》和《出版商周刊》畅销书的著作，旨在帮助世界各地的学生破解进入世界名校的密码。

作为睿深教育集团的联合创始人兼首席执行官，杰米是我见过的最为励志的同龄人。高中毕业时，他收到 25 所世界一流大学的录取通知书。此后，他从众多名校毕业，取得包括哈佛大学应用数学和经济学学士及硕士、斯坦福大学工商管理和教育双硕士、耶鲁大学法学博士、普林斯顿大学金融管理硕士、牛津大学公共政策博士、清华大学全球事务硕士和宾夕法尼亚大学教育硕士等学位。杰米是罗德学者和苏世民学者，也曾登上年龄 30 岁以下的福布斯精英榜。他结合自己的亲身经历，以崭新的视角阐述了如何把握高中阶段的关键环节进而打开通往美国知名大学的大门。身边人完成这些看似不可能完成的任务，让我看到了一个更清晰的奋斗目标。

作为一名大学升学顾问，过去 12 年，我为数千名中学生及其家庭提供了规划和咨询服务。学生们问得极多的问题是如何找到自己的热爱和优势，提高学习成绩，选择合适的课外活动，管理时间表，以及在竞争激烈的环境中找到自己的定位等。我通常会分享我的指导理念，再给出一步步的执行计划，并用自身经历举例说明。

写这本书让我意识到，作为一名学生和一名创业者，我的心路历程与诸多人的命运多么紧密地交织在一起。

作为一名独自从中国陕南小城来到新西兰的留学生，我经历了从中国传统文化到截然不同的新西兰文化的环境转变，同时还面临巨大的语言障碍。初到新西兰时，我的英语水平有限，甚至我还被要求去上语言强化班。但我以成功创业者的心态去应对这些挑战。我沉浸在学习中，用口袋大小的词汇笔记本学习单词，反复观看带有双语字幕的《生活大爆炸》，并把适应新西兰的生活视为成长的磨炼，而非难以逾越的鸿沟。这种坚韧不拔、勇于解决问题的心态帮助我快速打下了适应新环境的基础。对于许多留学生来说，当他们想要了解、适应新的文化并在陌生环境中实现自我超越时，我的个人经历或许能为他们提供一些有价值的参考。

除了克服文化和语言的障碍，我在多国教育体系中的学习经历也能为学生们提供系统性提升成绩的参考。出国前，我在初中时成绩就名列前茅。到新西兰并适应用英语学习后，我很快在学业上取得了进步：我不仅在新西兰本地高中课程中获得全"优"成绩，还以全校第一名的身份（Dux，以拉丁文命名的学术荣誉）从高中毕业。此外，我在两个月内自学了七门美国大学预修课程（AP）并均取得了满分，成为新西兰历史上第一个获得总理奖学金的国际学生，以全额奖学金入读澳大利亚国立大学并以高绩点进入院长表彰名单。我曾在美国商学院研究生入学考试（GMAT）中取得770分的成绩，以4.0的绩点从斯坦福大学工程学院毕业，并获得哈佛大学的约翰·肯尼迪总统奖学金和宾夕法尼亚大学的约瑟夫·沃顿奖学金。多年来，我总结并完善了一套简单且高效的学习策略，其在不同教育体系中均效果显著。

"学生创业者"始终是我身份中重要的一部分。在我继续深造的过程中，我与两位新西兰人共同创办的家教公司逐步发展为全球同类企业佼佼者，并得到了包括老虎环球基金等著名投资机构的支持。这次创业提升了我的专业技能和人际交往能力，教会了我如何与联合创始人和员工建立持久的关系、确定产品与市场的契合点、制定稳健而灵活的市场策略，如何完成首次融资、管理企业财务，以及如何提高人力资源管理效率。我逐渐认识到综合领导力和数据驱动管理的重要性。随着睿深教育集团服务的学生越来越多，许多学生毕业后也想尝试创业，而非单纯去"大厂"求职。我渴望继续为学生们提供指导，帮助他们从毕业第一天起少走弯路，并尽可能提高取得职业成功的概率。

在我们十几岁到二十几岁这个阶段，需要兼顾学习、课外活动、职业发展和家庭事务，这并非易事。我们在追求学业和职业成功时，关键是要找到自己的节奏。这就像跑一场全程马拉松一样，步伐不均衡会更快耗尽体力，我们必须学会打持久战。在学习和创业之余，我热爱烹饪美食，也曾在两个大洲多次参加铁人三项比赛，并在经过严格训练后成为持有美国联邦航空管理局执照的飞行员和救援级潜水员。我想强调的是，优秀的学生懂得劳逸结合，追求卓越而避免身心透支；他们在挑战自我的同时，也能享受生活的方方面面。

这些认识让我迸发了更多想法和灵感。学生的茁壮成长不是一个线性过程，而是一个不断学习、反思、执行和发展的螺旋上升过程。在这一过程中，学生必须以一种能实现长期发展的方式创造动力。我将这个过程定义为"学习力飞轮"（见图0-1）—— 一个将思维转化为行动，将行动转化为机遇的自我强化系统。

图0-1 学习力飞轮

学习力飞轮要义阐释

我每次和学生提到"创业"时，总会听到质疑的声音，如"方洲老师，我未来想读化学专业，而不是商科"或者"我想成为一名研究丝绸之路的历史学家，并没有做生意的打算"。不怪他们，连百度百科和维基百科都将创业主要定义为"创办企业的过程"。

创业只和未来想从商的学生有关吗？其实不然。

创业，意思是开创基业，出自《孟子·梁惠王下》中"君子创业垂统，为可继也"。将创业只等同于做生意或从事管理工作，是对其狭义的理解。它忽略了创业思维更广泛、更具变革性的本质。本书中所说的创业远远超越了商业范畴。在哈佛大学商学院的"创业基础"课程中，创业被定义为"追求超越当下已掌握资源的机会"，这些机会可以来自任何领域，无论是学术追求还是个人成长方面。拥有创业思维，就拥有发现和解决问题的能力，也能跳出思维定式，用创新的方案来应对挑战。在学术领域，这种思维模式能够培养学生的批判性思维，帮助他们在需要新颖想法的学习项目中脱颖而出。除了教科书，创业思维还能帮助学生建立情绪韧性，增强协作能力和领导力，为学生适应未来充满变化的工作做好准备。

学习力飞轮由三个核心力量组成：个人品质（Character）、执行能力（Execution）和自我拓展（Outreach），合在一起是"首席执行官"的英文缩写（CEO）。每一个力量都推动着下一个力量前进，确保进步永不停歇。每一位优秀的企业家都以必胜的心态为起点，化挫折为垫脚石，挑战常规，拥抱不确定性。

飞轮第一动力——个人品质

我们正处在一个前所未有的时代。AI 正在替代一些曾经稳定且高薪的职业，包括金融和软件工程的相关职业。全球经济的不确定性让传统职业道路变得难以预测。因此，学生必须具备适应变化、创新和成长所需的技能与心态。创造力、毅力、应变能力和进取力定义了创业思维，而创业思维又为学生应对学术和个人挑战提供了强有力的框架。从传统意义来说，创业与创办企业相关，但如今，创业思维已成为个人成长、学业成就和未来职业发展的必备精神。

让我们以大学招生为例，进行深入探讨。一些录取标准非常严苛的名校，招生官特别看重申请者的创业思维。他们寻找那些展现出领导力、主动性和矢志有所作为的学生。睿深教育的数据显示，超过 87% 的被哈佛大学、耶鲁大学或普林斯顿大学录取的学生都参加过全国性或者国际性的课外活动，其中许多人举办或领导过商业或社会创新活动。哈佛大学的招生办公室注重"社区融入度、领导才能、非凡建树、课外活动参与度和个人品格"等方面。

斯坦福大学因其对技术创新的关注而闻名，该校非常重视"智识"（intellectual vitality，IV），它认为学生"无论是在个人陈述还是他人评价中，都应展现出矢志不渝的决心、全身心的投入，并怀有对拓宽自身知识视野的真挚热忱"。招生官会对每个申请人的"思想的生命力"打分（通常从 1 分到 6 分，1 分是最高分）。在校友面试中，面试官也会对这一指标进行评估。斯坦福大学尤其希望学生具备以下条件：

- 他们所具备的好奇心和热情，足以让他们在研讨会中进行热烈讨论，并在餐桌上继续探讨。
- 无论是在研究实验室、社区组织中，还是在演出或运动场上，他们都充满活力，全力以赴，全身心地投入每一件事。
- 他们凭借自身的主动性去寻找机会，并不断拓宽视野。

每年，美国大学通用申请系统（Common App）都会要求申请人从七个题目中选一个，写一篇 650 字的文章。2025—2026 学年的第二个题目为：

我们从遇到的困难中汲取的教训可能为日后的成功做了铺垫。请回忆你曾遇到的挑战、挫折或失败。它们对你有什么影响，你从中学到了什么？

在任何奋斗的过程中，无论是商业、教育还是生活方面，遇到失败或遭到拒绝都是经常会发生的事。优秀的首席执行官和创始人或许经常遭到拒绝，但他们将其视为个人成长的重要催化剂。在竞争激烈的学术道路上，学生就像寻求资金的初创企业创始人一样，不可避免地会在某个阶段遭到拒绝。但被拒绝并不是让学生停下脚步的红灯。相反，它是一个绿灯，为学生提供了一个分析反馈、不断改进并以更强姿态回归的机会。

那么，招生官如何了解学生的创业思维呢？

除了出色的推荐信和令人印象深刻的活动列表（在美国大学通用申请系统中一份简短的包含十项活动的简历），创业经历往往是一份精彩申请文书的核心内容。招生官更青睐那些详细描述学生在社会活动中克服困难，展示学生发起科学、技术、工程和数学教育（STEM）创新项目的过程，或将人类学研究想法付诸实践的申请文书。这些叙事能够展示申请人的性格、创造力和应变能力。例如，以下的文书写作题目为某届申请人提供了一个展示自己创造力、独特生活经历和创业探索的绝佳机会：

- 请描述你的生活经历、兴趣和性格的哪些方面，能够助力你作为一名本科生为斯坦福大学做出独特贡献。

- 一些人循规蹈矩地实现目标，另一些人另辟蹊径却有意外之喜。在求学之旅中，你做了哪些预期之外的事情？（麻省理工学院）

- 向我们讲述在过去一年或者两年中能展示你的想象力、创造力和才智的经历。（杜克大学）

- 西北大学孕育了独特的跨学科文化。我们相信在多元的思想、观点和学术兴趣的碰撞下，探索和创新能够蓬勃发展。在这种情况下，如果你可以构想一门本科课程、一个研究项目或一项创造性成果（如创业、设计原型、表演等），它会是什么？哪些人会成为你理想中的同学或者合作伙伴？

通过这些文书题目，我们可以看出世界名校正在寻找具有创业思维的申请人。

比如我在上海的学生王同学。他的申请文书并没有提到他在美国计算机奥林匹克竞赛中获得的铂金级奖项（该比赛中最高级别的奖项）。相反，他讲述了自己开发强化学习算法来优化城市公交路线的故事。这个项目后来演变成了一项智慧城市倡议。他的文书不仅展现了他出色的专业技能，还体现了他发现问题、付诸行动并产生实际影响的能力。他不仅是一名成绩优异的学生，还是一名问题解决者、创新者和领导者。

被约翰·霍普金斯大学等名校录取后，王同学行使了《家庭教育权和隐私权法案》中的知情权，查阅了自己的录取文件。招生官在文件里的打分和对他的评估十分有借鉴意义。

尽管王同学在高中成绩优异，并在美国大学入学考试（ACT）中取得了 34 分（满分为 36 分）的优异成绩，但录取委员会对他的学术评分仅为"一般"。这让人意外。不过，他的课外活动和领导才能得分则高得多。在最终录取结论，也就是证明他被录取的关键段落中，招生官特别提到了他在城市设计和系统工程方面的创业思维，以及他"相关且与众不同"的领导经历，这是决定性因素。

招生官的最终录取结论引人深思。因为招生官的目标是要寻找充满活力、创造力和具备多元思维的学生，并不局限于成绩单完美的学生。在成千上万份看起来几乎毫无区别的申请材料中，能够脱颖而出的，是那些积极应对独特挑战、创造出有影响力的事物，并将自己的想法付诸实践的学生。

除了求知欲、智力和活力，创业精神还强调学生为社区做出有意义贡献的能力。社会企业家精神特别强调使用创新方法来解决问题，小到校园问题，如校园歧视、校园食品健康问题，大到社会议题，如教育公平、气候变化等。拥有这种精神的学生，需要将学术知识和他们对社会活动的热情结合起来，以此推动变革。除了前文提到的文书题目，世界名校还着重强调了社区贡献。

学生们可以根据这些文书题目写下任何有意义的内容，但睿深教育多年的录取数据表明，那些基于强烈创业思维驱动下所撰写的文书，往往更容易脱颖而出。比如，一位来自美国的睿深教育学生关注儿童铅中毒问题，他与当地市议会和非营利组织合作，成立了一个青年维权组织，以提高公众意识，并为孩子们创建了"无铅"区。另一位来自澳大利亚的睿深教育学生，对青少年心理健康保护充满热情，他创建了一个由青少年经营的心理健康慈善机构。这些活动不仅为社区创造了实际利益，也为主导这些活动的学生带来了成就感，还帮助领导者更有效地释放潜力，让他们在世界名校获得更好的教育机会，从而进一步扩大他们的影响力。

帮助学生在大学录取过程中脱颖而出的创业思维，也是头部企业雇主在就业市场中所关注的。当今竞争激烈的一些行业，无论是技术、咨询、金融、医疗保健还是其他行业，都需要能够独立思考、主动行事、与他人合作并推动创新的人才。启动项目和应对模糊性的能力，不再只是差异化优势，它正成为一种招聘人才时越来越明确的期望。

归根结底，帮助学生发掘出的被世界名校录取的技能，与那些能让他们在竞争激烈的行业中茁壮成长的技能是一致的。无论他们从事的是技术、咨询、金融、医疗保健还是其他领域的工作，拥有创业思维的学生在走向未来成功的道路上会拥有与众不同的优势。

飞轮第二动力——执行能力

除了探讨创业思维对个体的重要性，以及它与世界名校和头部行业雇主所追求的品质间的相似性，我们还需要在宏观层面上研究教育历程和创业生命周期之间的相似之处。从本质上讲，创业思维的核心反映了学校教育变革的动力。杜克大学福库商学院在其《创业手册》中将创业定义为"一个包含创意产生、机会评估、公司规划、公司成立或启动及公司增长五个阶段的过程。"

这一过程与学生的学业和个人成长极为相似。二者都是由愿景、战略和执行驱动的转型之旅。从起初的灵感到周密计划的执行，学生和企业家都需要应对不确定性，克服障碍，以适应不断变化的环境。

重视愿景和独特价值主张

正如每一次创业都始于一些想法，一个学生的求学之旅也应该始于明确的个人愿景。就像创业者发现市场中有潜力的领域一样，学生们也要探索自己的激情、兴趣和天赋，从而在同龄人中脱颖而出。例如，一位来自香港的睿深教育学生对环境可持续发展很感兴趣，她从小喜欢在海边玩耍，逐渐意识到海洋污染对海洋生物和周边生态环境的严重影响。于是，她投身于前沿的环境科学研究，在学校成立了可持续发展俱乐部，并发起了反微塑料倡议。

无论何种情况，如果没有明确的追求目标（愿景、目标和激情），学生就很难打造出与众不同的申请形象。西蒙·斯涅克（Simon Sinek）在其著名的领导力著作《从"为什么"开始》（*Start With Why*）中指出，成功的个人和组织都是从确定自己的"为什么"开始的，也就是激励他们付诸行动的事业或信念。就像创业一样，这种使命感是所有决策的基础。学生也需要扪心自问："为什么我对这个领域充满热情？为什么这对我很重要？"一旦明确了"为什么""如何做"和"做什么"，一切自然就水到渠成了。

当学生们寻找方向时，了解"独特价值主张"的概念也至关重要。在创业过程中，独特价值主张指的是产品或服务的独特之处，以及客户选择它们的原因。同样，有竞争力的学生必须阐明他们为未来学校或职场带来的独特价值。他们需要回答一些重要问题：是什么让我与众不同？为什么我的心仪院校（dream school）或雇主会选择录取我，而不是其他人？

在我作为大学申请和职业顾问的工作中，解决这个问题通常是帮助学生的第一步。在竞争激烈的环境中，仅仅成为一个全面发展的人已经不够了；学生需要有一个明确定义的"卓越点"——一个对他们来说既独特又有意义的专业领域。斯涅克强调，要知道自己因什么特质而吸引到志同道合的人。对于学生来说，展现出真实自我和热情就可以吸引他们周围的人，包括老师、同学和招生官。

阐明核心愿景的过程与许多初创企业在构思阶段所面临的情况几乎一样。没有清晰的愿景，许多初创企业就无法获得前进的动力，最终难以为继。同样，我也看到许多学生困于"产生想法"的过程中，而在建立有影响力的个人品牌或准备有竞争力的申请材料方面几乎毫无进展。虽然有人认为，以专业待定的选项申请美国知名大学可以作为一种选择，但缺乏重点和目标感的申请材料往往缺乏启发性和说服力。

执行力，执行力，执行力——重要的事情说三遍

对于创业者和学生来说，执行力需要一系列关键品质：适应能力，坚持不懈、随机应变的能力以及抓住机遇的能力。因此，我和我的联合创始人将"拼搏与坚毅"和"不断自我迭代"作为睿深教育的核心价值观。

执行力的第一步是制订计划。创业者先要规划商业模式并设定阶段性目标。同样，学生也需要为自己的目标制定路线图。资源分配是初创企业经常面临的挑战，学生也受到类似的限制——时间、机会，有时甚至是来自学校的许可。无论是准备标准化考试、创建有竞争力的课外活动列表，还是发挥数据分析方面的技术技能，有效的执行都需要对任务进行优先排序，并将其分解为可管理的步骤。在睿深教育，我们为学生提供咨询服务的基本任务之一就是帮助他们制定个性化的规划路线，其中包含一个分步执行的计划，并根据他们的目标进展对其进行动态完善。

成绩出色的学生，就像雄心勃勃的企业家一样，也执着于迭代和掌握。正如成功的初创企业会不断改进产品一样，学生也需要不

断追求卓越，完善学习策略，优化时间管理。但需要注意的是，不停歇或没有平衡好工作与生活，也会导致失败。

教育和创业的成功要诀并不是闭关磨炼。成功的要诀在于管理能量、把握节奏和打持久战。完成一次出色的学术之旅，就好比参加一次铁人三项比赛的训练。如果你一开始就以最快的速度游泳，那么你就容易在自行车赛进行到一半时放弃。节奏很重要。找到节奏，平衡高强度的工作与借助业余爱好恢复精力，是持续成功的关键。事实上，战略性恢复是实现高性能的关键。就像优秀运动员在高强度训练和积极恢复之间循环往复一样，学生也必须在自己的日程安排中保持适当的休息和个人兴趣的追求。

要使计划更加可行，我们必须正视各种限制因素，并想办法克服它们。无论是创业企业还是学生，都面临着诸多类似的挑战。创业企业常常需要费尽周折去筹集资金、寻找导师、招募团队，而学生也受到时间、机会甚至学校许可等多方面的限制。机会从来不会轻易降临，因此学生必须积极主动地去打破常规，寻找机会。

飞轮第三动力——自我拓展

讲好自己的故事

当学生申请大学或工作时，也是在推销自己。他们要在几分钟时间内，向招生官或招聘官准确传达自己的目标、潜力和独特贡献。

是否能讲好故事决定着成败。一个出色的产品如果不能很好地展示给投资者，就是失败的；一个优秀的候选人如果不能让申请文书脱颖而出，就是平庸的。仅仅依赖"筑巢引凤"的策略，可能会掩盖一些潜在的风险。在硅谷，许多创业公司就曾付出沉重代价——工程师们痴迷于技术上的解决方案，却往往忽视了进入市场的策略，故难以在资金耗尽前获得真正的客户。时至今日，许多学生仍然认为，一份出色的简历会让他们在评估过程中脱颖而出。

遗憾的是，情况并非如此。

推销的机会转瞬即逝。在我们刚开始创办睿深教育的时候，无论是在北京还是在旧金山，我们经常只有几分钟的时间向潜在投资者介绍我们的情况。招生官和招聘官审查申请人材料的时间也只有几分钟，甚至几秒钟。其中的挑战性显而易见：如何在众多创意和人才中脱颖而出？

无论是创业还是大学申请，讲一个引人入胜的故事都是较为有效的推销话术。那些能把自己的产品价值融入解决现实问题或满足特定需求的故事中的创业者，要比那些仅依靠技术术语的创业者更能引起人们的兴趣。同样，学生们在撰写申请文书时，也需要精心构思一个关于他们是谁，他们的动力是什么，以及他们希望实现什么目标的故事。

了解听众也是准备工作的一个关键。在睿深教育，我和我的联合创始人会根据特定投资者的兴趣来调整我们的推销话术，而学生也必须针对他们申请的每所院校做同样的准备。学校看重什么？什么样的候选人会在那里成长？如何证明自己契合学校的使命？通过这些研究，学生可以调整自己的推销话术，与对方的决策者产生共鸣。

关系的复合效应——建立你的个人“顾问委员会”

即使是成功的首席执行官和企业家，身边也会围绕着一些杰出的导师和顾问。这些导师和顾问会推动他们开拓思路，完善想法，反思错误，迎接挑战。几乎没有人能够独当一面。每一位成功的领导者背后都有一个朋友圈，这个朋友圈为他们的成长提供动力，并在他们受到质疑时提供精神支持。

拥有一个优质的朋友圈不仅能让你学习更愉快，还能在困难时期为你提供重要的支持。现有研究表明，拥有良好同伴关系的学生可能学习成绩更好，自信心更强，感受到的压力更小。学习成绩好的学生经常一起学习，互相督促，庆祝彼此的成功，这绝非巧合。

在学术和职业生涯的早期建立真正的人际关系，将会为你带来意想不到的长期收益。"顾问委员会"是不是听起来有点过于高端或遥远？其实这个过程非常简单，你只需：

- 确定"顾问委员会"的候选人，与你的老师、教授及学长等积极交流并寻求帮助，提出有深度的问题，并表达感激之情。
- 与"顾问委员会"的成员建立稳固、真诚的关系，在身边聚集一群有上进心的人。这些人会不断挑战你、激励你，或者跟你一起开展有意义的项目。
- 先付出，再索取。一定要记住，人际关系也是一种互助。无论是分享见解还是寻求帮助，有价值的关系都是建立在互惠互利的基础上。

和 AI 做朋友

AI 是我们这一代非常强大、极具变革性的工具。学会战略性地利用 AI 的学生将获得巨大的竞争优势。AI 不是人类智慧的替代品，而是放大器。你需要知道如何在保持人类创造力、道德推理和批判性思维的同时，将 AI 作为一种能力增强器来使用。

然而，今天的大多数学生还没有做好有效驾驭 AI 的准备。AI 的应用是不可避免的，我们别无选择，只能迎难而上。

AI 对学习很有帮助。DeepSeek 和 ChatGPT 等工具可以大大加快研究、头脑风暴和解决问题的速度。学生可以利用 AI 高效地分解信息，既不用花几个小时去搜索可信的资料来源，也不用费力去掌握一个困难的概念。在睿深教育，学生们依靠我们专有的 AI 助手，找到不同学科相关的学术竞赛。我们的子公司运营着极具影响力的在线国际文凭课程（IB）学习资源平台。在该平台上，名为"牛顿"的 AI 助教能帮助学生掌握复杂的概念（例如使用杨辉三角形逐步展开二项式），从而帮助学生少走弯路。

除了自己的"顾问委员会"，许多成功的首席执行官都有一位得力的助理来帮助他们发挥职能。现在，作为一名学生，你也有同样的机会。学习过程中涉及许多常规任务，这些任务虽然有时是必要的，但并不能直接促进更深入的学习。AI 可以帮助实现这些方面的部分自动化，让学生专注于高阶思维。过去需要花数小时筛选数据库的工作，现在只需要几分钟就能完成，这让学生有更多时间分析、综合和评估信息。

本书适用边界

有人或许会问，如果我的目标不是去世界名校读书呢？这套创业理论还适用吗？

答案是肯定的。

创业技能不仅仅是企业创始人或希望进入世界名校学生应具备的重要能力——对于任何希望取得成功的人来说，它都是必不可少的。随着 AI 和各种变革性技术的兴起，传统的"努力学习，获取知识，并将其应用于稳定的职业"模式可能将不再奏效。无论在哪所大学就读或选择哪条职业道路，学生都可以通过采用创业思维，帮助自己在这个充满不确定性的时代保持与时俱进并扩大影响力。

"AI 革命"正在重塑各行各业。传统上报酬丰厚且稳定的职业领域，如医学、法律、工程和会计等，正日益被 AI 和自动化所冲击。例如，在医学领域，像谷歌旗下 AI 公司 DeepMind 开发的系统已经证明，它有能力比人类医生更准确地诊断糖尿病视网膜病变等疾病。在法律领域，由 AI 驱动的智能体可以起草、审查和分析法律文件，所需的时间和成本只是人类的几分之一。这些例子表明，知识的获取虽然重要，但已远远不够。许多技术技能和传统工艺在学生毕业之前就可能面临更新换代，因此，培养学生的创业技能比以往任何时候都更重要。这些技能侧重于发现机会、解决问题，以及利用 AI 等新技术来制定有意义的创新解决方案。今天的许多工作在十年后可能不复存在，而一些全新的领域将会出现。拥有创业思维的学生能够更好地适应这些变化，无论是寻找创业机会、在已有领域内进行创新，还是从事跨学科工作。

正如我经常对学生说的，"千万不要让获得大学录取通知书的那一刻成为你人生的顶点"。通过考试拿到高分或拿到名校录取通知书只是一个新开始。真正重要的是你之后所做的事情——你所创造的价值、产生的影响以及为自己的未来设定的轨迹。学习力飞轮不仅是一个快速完成高质量大学或工作申请的技巧，它也会培养你的习惯、心态和动力，让你在录取通知书带来的兴奋感渐渐消退后仍能继续全速前进。你掌握的每项技能、建立的每种关系、克服的每项挑战，都会注入你的飞轮里，为你带来势不可挡的成长和突破。

不同于学生常听到的静态法则，"学习力飞轮"每转一圈都会创造动力。你在每个阶段投入得越多，你就越有可能茁壮成长。当你不断培养和拓展这个过程时，你会产生源源不断的动力，曾经觉得不可能的事情就会成为第二天性，即习惯。

我决定正式开始写这本书的那天，是在一个不起眼的星期三。当时我在哈佛大学约翰·F. 肯尼迪政府学院（John F. Kennedy School of Government，以下简称肯尼迪学院）参加一门关于美国政治的课程，授课老师是托马斯·帕特森（Thomas Patterson）—— 一名杰出的政治传播学教授和著名作家。在那节课上，我们的评论文章分数即将揭晓。因为此前从未写过评论文章，所以这项写作任务让我很紧张。为了能顺利过关，我阅读了二十多篇涵盖国际关系和体育管理等主题的评论，最终以华盛顿对外技术政策为主题，剖析了近期半导体政策引发的连锁反应。当帕特森教授指出我们作业中常见的问题时，我越来越焦虑。听起来蛮像我的作业，我该不会不及格吧？

然而让我惊喜的是，在指出问题后，帕特森教授公布了全班最佳评论文章的作者，我的名字赫然出现在幻灯片上，同学们纷纷向我竖起了大拇指。在全球知名的政府学院中，我的同班同学不乏优秀的政治学专业学生、经验丰富的记者和公共政策领域专家，我的作业却意外地脱颖而出。这个认可虽不是什么国际大奖，却极大地增强了我的信心，让我知道即使在我认为自己学术基础薄弱的领域，我也能用英语有效地表达自己的观点和见解。

这些经历让我愈发相信，在最高效的升学规划过程中，技巧固然重要，但真正能拉开差距、让人脱颖而出的，往往是更深层的"心法"。技法回答的是"怎么做"，心法思考的是"为什么做"以及"该成为怎样的人"。

在过去的十多年里，我和团队也有机会辅导了成千上万来自全球的学生，帮助他们进入理想的学校，找到自己真正想走的路。每一次成功的背后，都离不开那些学生主动打磨自己的思维方式、努力改变习惯、勇于拥抱不确定性并从失败中反思。

在人工智能飞速发展的今天，社会对人的要求只会越来越高。未来的竞争，不再是机械地完成任务，而是能否提出有见地的问题，能否快速学习新知识，能否整合不同领域的资源和观点，能否带动他人一起解决真正的问题。我希望每个学生都能有机会成为创业公司的创始人或世界名校的录取者，并且具备在任何领域发光发热所需的心态和技能。无论你的理想是成为商业领袖、艺术家、工程师、律师或医生，还是投身公共服务或从事学术研究，我相信你都能像我一样从创业思维中获益匪浅。

目录

第三章 **探索力** 敢于冒险，安于现状往往是危险的选择

如何在拒绝梦寐以求的大厂工作机会后，不断冒险远离舒适区，从而取得意想不到的收获

飞轮第二动力——执行能力

第四章 **实干力** 言行一致和坚持不懈

如何通过三年不间断的城际夜间巴士之旅，将自律变为习惯，加速个人成长

第五章 **迭代力** 不懈追求学术卓越，比"足够好"更好

如何通过写着新词汇、数理定律的口袋笔记本提高学习效率，掌握新的知识点

第六章　**掌控力**　找到你的终极抗透支公式

如何利用铁人三项比赛、飞行训练、潜水和密室逃脱等
"耗时"活动节省时间，预防身心透支

飞轮第三动力——自我拓展

第七章　**连接力**　建立你的个人"顾问委员会"

如何通过建立与和自己文化背景截然不同的导师及同学
间的联系，助力个人发展，解锁新的机会

个人品质

Character

执行能力

机遇拓展

飞轮第一动力
——个人品质

创业型学生需要修炼的内功。不怕被拒绝，接受失败和不确定，这些经历都是你成长的燃料。主动跳出舒适圈，挑战自己，去争取本不存在的机会，你会逐渐培养出应对学术与人生困境的坚韧心态。

第一章

耐挫力

无惧拒绝，寻找最佳解决方案

如何将连续三次报考目标高中失败的经历
变为拿到世界名校奖学金的垫脚石

2010 年早春的一个周三下午，初中即将毕业的我在老师办公室外的走廊上焦急地转来转去。我马上就要知晓自己是否通过了西北工业大学附属中学（以下简称西工大附中）的入学考试。

这是我梦寐以求的学校。西工大附中不是一所普通的高中，它在全国体制内的高中里名列前茅，以其毕业生优异的高考成绩而闻名，每年有几十名学生从西工大附中考入清华大学和北京大学。

要知道当年在我的家乡安康，能有 2 个学生考上清华大学或北京大学已经算是奇迹了，而西工大附中每个班都不只有一两个这样的学生。据统计，西工大附中每年向重点高校输送大量学生，占据了陕西省重点高校录取名额的较大部分。

在人口近 4000 万的陕西省，西工大附中在任何意义上都是一张通往高等学府和光明未来的入场券。

门终于打开了，老师站在里面，我看不到她的表情。

"进来吧！"她说道。

我走了进去。当她坐下时，我的心怦怦直跳。她拉开抽屉，从一叠厚厚的文件中翻出一张纸，这看起来像是我的成绩单。

她轻叹一口气才说话："方洲，很可惜你没通过考试。"

我知道这个考试很残酷，但内心深处还是希望有奇迹出现。现在，那一丝脆弱的希望也破灭了。我心灰意冷，但并没有表现出来。

老师微微点头，表示安慰，"没关系，附近还有很多好高中，你还是可以去一所不错的学校。"她指的是初三结束时的中考。理论上来说，我不是穷途末路。

虽然我知道自己并没有完全被"淘汰"，但被拒绝的痛苦还是挥之不去。更糟糕的是，这并不是我第一次尝试。几个月前，我获得了参加西工大附中每月例行考试的机会—— 一个与该校学生同台竞技、赢得入学录取通知书的机会。如果我能在 678 名学生中排进前 200 名，就会被录取。起初，我还很坦然，因为在我自己的中学，我的成绩一直保持在前 20 名。

然而我只是自欺欺人罢了。英语这门考试简直是噩梦：我的词汇量远远不够，阅读难度更是超出我的理解水平，听力也像被按了快进键一样难以跟进。我本以为数学是我的强项，但事实证明我答得一塌糊涂，数学考试内容多是高中后期的知识点，还包括奥数竞赛难度的题目，让我无所适从。

放下笔时，我已经知道自己考砸了。一周后，这一点果然得到了证实——我排在第 644 名，几乎是倒数。这无疑是当头一棒。这一次失败后我又准备了几个月，但即便我倾尽全力，还是失败了，而且是接连两次失败。事到如今，能拯救我的最后一个也是唯一的机会就是中考了。对于前两次考试，我不熟悉考试形式，题目也超出了我的能力范围，而中考则强调综合性，涵盖了从化学到历史等全部学科。

中考满分 730 分，若能考取 650 分以上，我就能稳获西工大附中的入场券。这是一个很高的标准，但鉴于我在学校月考中的稳定表现，这个标准还是可以达到的。我不抱任何侥幸心理，在考试前的几个月里不懈努力，按科目、按章节逐一复习我所能找到的历年试卷，确保没有任何遗漏。

考试那天，我满怀信心地走进考场，调动大脑的每一个细胞，发挥出了自己的最高水平。我感觉自己考得不错。几周后，陕西省各地公布了中考成绩。我考了 648 分。这个成绩非常理想，足够让我上家乡的任何一所高中，但我仍以微弱的差距与西工大附中失之交臂。虽然我的各科成绩都很优秀，但体育成绩只有 46 分（满分 50 分）。

这 4 分之差决定了我的命运。

往年的体育测评中几乎每个人都能得到 50 分。作为当年校运动会男子 400 米、800 米、1500 米和 3000 米的冠军，我对体育考试充满信心。当我看到 46 分的成绩时，我有些诧异，立刻去找老师询问情况。

"系统出了些技术问题，为了确保公平，班里每个学生都打了46 分。"

我问老师能否重考，得到的回答是"没有这个可能，这件事也就此打住"。

如果我得了 50 分，甚至 48 分，我的分数就足以让我达到西工大附中的录取分数线。就这样，我第三次与西工大附中失之交臂。

这一结果，加上我之前两次的失败，是我目前为止所经历的极大的学业挫折。我十分沮丧。多年来，我一直小心翼翼地为自己规划，希望在初中阶段取得优异成绩，顺利进入西工大附中，从而可以充分利用陕西省优秀高中的机会和资源，最终为我在国内接受优质的高等教育铺路。但现在，这些精心制订的计划在我眼前化为泡影。

我迷迷糊糊地回到家，把自己关在房间里，陷入了对未来的迷茫。我完全失去了和朋友一起打篮球的兴趣，尽管这些年来篮球给我带来了无穷的快乐。对于 14 岁的我来说，那个夏天的来临标志着我进入了求学生涯非常黯淡的时期——充满了自我怀疑和不确定性。如果努力不能保证结果，为什么还要努力呢？我开始怀疑努力的价值，因为我的付出并没有换来我梦寐以求的成功。

看到我整日郁郁寡欢，父亲决定采取行动。他是一名一丝不苟的工程师，日常工作就是设计家乡山区的桥梁、隧道和重要基础设施。他比较理性，平时很少在家庭事务中发言。但这次不同了，也许他感觉到我这次真的有些一蹶不振。

在我成长的过程中，父亲和我一样热爱篮球。他教会了我如何运球、传球和投篮。更重要的是，他也教会了我如何解读球场——预判战术并在比赛中领先一步。我们花了无数个小时在他办公室旁边的破旧球场上练习，并在周末看美国职业篮球联赛（NBA）。

那一年，迈克尔·乔丹（Michael Jordan）摇身一变成为夏洛特山猫队（现黄蜂队）的大股东，他是历史上第一位以控股股东身份拥有 NBA 特许经营权的前联赛球员。在我心里，乔丹不仅是一名篮球运动员，也是一个传奇，一个偶像，更是坚毅和伟大的象征。

"你认为乔丹的职业生涯成功吗？"父亲问道。我看了他一眼。这是明知故问吗？当然是，他是有史以来最伟大的篮球球员之一。但父亲接着说："你知道乔丹在职业生涯早期曾有一次被拒的经历吗？"

我皱了皱眉头。乔丹？被拒？怎么可能。实际上，乔丹的篮球之路并不像我想的那样一帆风顺。他曾就读于北卡罗来纳州的莱尼高中。1978 年秋季，作为一名高二学生，他参加了篮球校队的选拔。当时身高约 1.78 米的乔丹虽然是一个很有天赋的球员，但球技出众的他还是没能入选校队，而是被安排到了预备队，因为教练认为他需要更多的时间来成长。

这次拒绝本可能会对乔丹造成沉重打击，但他没有屈服于现实。相反，他把这次挫折当作进步的催化剂，在预备队打了一个出色的赛季，据说平均每场比赛能得 25 分。他的出色表现，再加上接下来的一年里，他的身高猛长，这让他在高三那年成功入选校队。此后，他的篮球生涯一路腾飞，成为高中、大学和 NBA 的明星球员。

乔丹的故事让我重新审视自己的失败。他努力地化拒绝为动力，我为何不能试试？我决定分析这些挫折，找出自己到底错在哪里，而不是让挫折来主导我的情绪。

在初创企业的世界里，被拒绝和挫折不仅常见，还是通往成功必不可少的垫脚石。以在硅谷领先的在线短租平台爱彼迎（Airbnb）

为例，其创始团队在早期的筹资过程中遭到多个投资者的拒绝，但他们还是坚持了下来，改进了自己的商业模式和宣传策略，并最终筹集到足够的发展资金。如今，爱彼迎已成为一家市值 800 多亿美元的公司，彻底改变了传统酒店和旅游业的格局。

思考迭代改进的理念也很有帮助。初创企业经常采用"快速失败，更快地学习"的方法，将每一次失败视为一次转折和改进产品或战略的机会。我多次参加西工大附中的入学考试，本质上也是这一过程的迭代。正如创业者利用反馈循环来改进他们的企业一样，我也需要接受被拒绝，将其作为一种反馈形式，并推动着自己前进。

正如初创企业必须深入了解其目标市场和竞争格局一样，我也需要评估自己的学习能力是否符合西工大附中的要求。了解了西工大附中的竞争激烈程度后，我开始冷静思考，调整心态，让自己未来不再陷入类似的境地。这次反思虽然痛苦，但很有必要，为我未来能够更明智地实现目标铺平了道路。

充分了解游戏规则，设定期望值

我意识到，我从根本上低估了自己的学习能力与西工大附中所要求的学业水平之间的差距。陕西省每年有 30 多万初中毕业生考高中，西工大附中只有约 700 个招生名额，算下来仅有 0.2% 的幸运儿可以获得这个机会。残酷的竞争意味着西工大附中别无选择，只能在招生上优中选优。我没有做充分研究，也没能为这个级别的难度做好准备。我需要正视这一差距，从一开始就调整自己的期望值。

作为学生，我们在做出许多重要决定时，必须在自己的期望和

对竞争格局的清醒认识之间寻求平衡。在大胆自信和审慎冒险之间往往仅有一线之隔：有人会像赌徒一样，以身入局，把"宝"押在命运偶然的眷顾上；而有人则像国际象棋大师一样，高瞻远瞩，哪怕意识到可能会遭受损失，却毫不气馁地追求胜利。后者才是勇气的真谛——有准备、有决心地面对未知的挑战，而不是毫无根据的盲目乐观。

图 1-1 提供了一种简单且清晰的方式，让我们明白如何平衡理想与竞争意识。它描述了我们在做出重大决定时可能陷入的四种心态，比如申请名校、创业或应对学术挑战等。

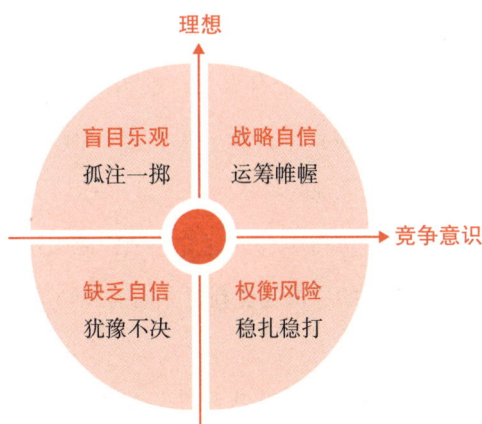

图 1-1　理想与竞争意识四象限

左上象限代表盲目乐观，容易孤注一掷。这是我在尝试冲刺西工大附中期间的一种心态。我有清晰且大胆的目标，但我并没有充分了解我正在参与的"游戏"。我就像一个赌徒，深信仅凭运气就能渡过难关，不知道风险有多大，也不知道真正的准备状态是什么样的。这个象限意味着希望与准备脱节，梦想建立在摇摇欲坠的基础上。

相比之下，右上象限才是真正的战略思考者所处的状态：战略自信，能够运筹帷幄。在这个象限中，高期望与高认知并存。你研究对手，制订计划，就像大师下棋时那般胸有成竹。你知道自己在做什么，不是盲目自信，而是脚踏实地，乐观前行。令人印象深刻的学生就是这样做出决定的：在一个竞争已经非常激烈的领域发起一个初创项目，但要做到独具特色；或者申请一所录取率极低的世界名校，并制订一个周详计划。

左下象限代表缺乏自信，犹豫不决。在这个象限中的学生容易错失良机。你不确定自己是否有机会，也不知道可能会发生什么，因此你的目标不高，经常自暴自弃。处于这一象限的学生可能永远不会申请例如麻省理工学院的科学研究项目（RSI）等竞争十分激烈的夏校项目或学生会主席等职位，这并非他们能力不足，而是他们没有专门培养超越自我的意识或受到这方面的鼓励。他们举棋不定，还没下第一步棋就认输了。

右下象限代表权衡风险，稳扎稳打。在这个象限中，你的目标可能不是高峰，不是西工大附中，不是哈佛大学，也不是奥林匹克数学竞赛冠军，但你已经做足了功课，清楚地知道自己的优势与现实世界中的机遇在哪里。你做的决定虽小却也明智。你会突破自我，但不会崩溃。对于许多学生来说，这个象限提供了一个比较舒服的高度，因为他们的目标并没有因此而大打折扣，反而更加清晰。

现在回想起来，我希望在我中学时有人向我介绍这个象限。也许我就不会盲目地向西工大附中进发，而是有意识地做好准备，使自己的立足点更加明确。

在我指导学生的工作中，我看到一种反复出现的模式，即尽管学生学业优秀，但缺乏对情况的充分了解，导致其期望值设定不够合理。例如，在申请美国的大学时，大部分学生需要参加 SAT（学术能力评估测试）。大学通过测试分数来评估申请者的学术能力以及日后成功完成高难度课程的可能性。我曾与一位来自澳大利亚的高中生交谈过，他的 SAT 总成绩是 1440 分。当我问到他的理想时，他表示希望进入排名靠前的大学，例如卡内基梅隆大学。

他的志向虽然可以理解，也令人钦佩，但并非基于对自己情况的现实评估。我向他介绍了卡内基梅隆大学发布的年度官方招生数据报告。年度官方招生数据报告是高校自愿向公众提供的一系列标准化数据，其中包括申请截止日期、录取要求和被录取学生的概况等招生流程信息。我解释说，使用年度官方招生数据报告等工具，可以帮助学生摆脱盲目乐观的状态。以下是标准化考试的部分内容（见表 1-1）。

表 1-1　卡内基梅隆大学 2023—2024 年标准化考试招生数据

	第 25 百分位数	第 50 百分位数	第 75 百分位数
SAT 总成绩	1500 分	1540 分	1560 分
阅读和写作成绩	730 分	750 分	770 分
数学成绩	770 分	790 分	800 分

当我们查看标准化考试部分内容时，这些数字给了他更直观的信息。他 1440 分的总成绩虽在考生里不算低，却远远低于卡内基梅

隆大学录取学生的成绩中位数，也就是 1540 分。我们一般建议国际学生（尤其是亚裔理工生）以第 75 百分位数为目标，对于卡内基梅隆大学来讲也就是 1560 分。虽然标准化考试成绩不代表一切，但这是一个重要的信号：他的状态处于上述矩阵的左上象限（即盲目乐观的领域）。他在没有真正了解胜算的情况下，显得有些异想天开。

学生随后大吃一惊。他承认自己从来没有查看过这些录取数据，也不知道目标学校的竞争有多激烈。这次谈话帮助他转变了心态。他从"愿望高、认知低"的状态转变到了一个更符合实际的状态（更接近于"权衡风险"的右下象限），现在他可以通过更明智的申请策略来实现梦想。他扩大了自己的大学名单，加入了其他更适合他的学校，并在时间线上进一步完善自己的计划。

在特定领域知识有限的人高估自己的能力或成功可能性的情况并不少见。1999 年，康奈尔大学心理学教授戴维·邓宁（David Dunning）和他的学生贾斯汀·克鲁格（Justin Kruger）进行了一系列研究认知偏差的实验，此研究后来被称为"邓宁 – 克鲁格效应"（Dunning-Kruger Effect，也译作达克效应）。

在一项关键实验中，他们让 45 名康奈尔大学本科生完成一个共 20 题的逻辑测试。之后，他们要求参与者从两个方面评估自己的表现：一是估计自己答对的题目数量；二是估计自己在同龄人中的表现。这种自我评估要求学生猜测他人的表现如何，学生们会受到一种常见的认知偏差的影响——大多数人都认为自己的表现比平均水平要好。

下面的曲线很好地捕捉到了这种幻觉（见图 1-2）。如图所示，学习初期，知识有限但自信心猛增，这种现象被称为"愚昧之巅"。

在这个阶段，人们的能力仍然较低，他们却没意识到自己有多无知，这可能导致过度自信、夸夸其谈，甚至是产生鲁莽的野心。随着经验增加，人们认识到领域深度时，自信心会暴跌至"绝望之谷"，这是一个让人变得谦卑的阶段。人们会意识到自己不知道的事情有多少，冒名顶替综合征或自我怀疑也会随之而来。

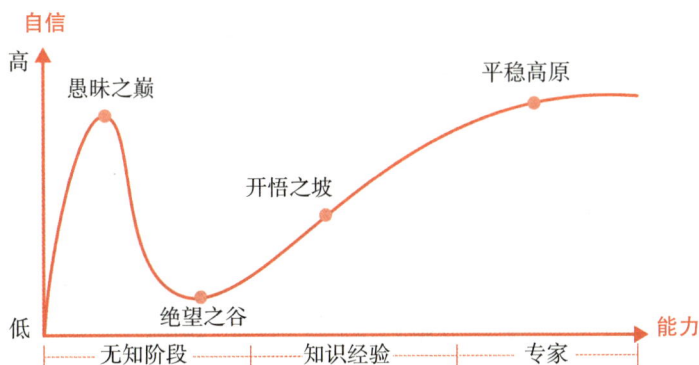

图 1-2 邓宁 - 克鲁格效应

然而，曲线并没有就此结束。通过不懈努力和反思，人们进入"开悟之坡"，其不断增长的能力与更扎实的自我意识逐渐相一致。最终，他们会到达"平稳高原"。在这个阶段，人们的信心再次高涨，但这一次，他们当之无愧地拥有了真正的专业知识，也会获得来之不易的理解力。

邓宁 - 克鲁格效应强调认知能力与实际能力之间的脱节。它强调了不断学习的重要性，从而提高自我意识，更准确地了解竞争对手。

一些研究显示，93% 的民众认为自己的驾驶技术比一般人好，而 90% 的老师认为自己比同行的教学水平更高。这种高估普遍存在于逻辑测试等领域。当然，从数据来看，大多数人不可能在某项事务上比平均水平更好。做足功课，弄清自己在竞争中的位置，有助于我们避免不切实际的期望，也就是邓宁 – 克鲁格效应的陷阱。没有了不切实际的期望，我们被拒绝的次数就会减少。而被拒绝时，我们也会发现它没有那么可怕，因为我们已经对风险进行了全面的评估，并为另一种结果做好了准备。

邓宁 – 克鲁格效应也可以用来解释创业陷阱，即对市场认知有限的创始人往往高估自身能力。在硅谷，无数初创企业怀揣着大胆的愿景起步，却因缺乏深入研究或抱有不切实际的期望而折戟沉沙。像榨汁机生产商 Juicero，在没有真正了解消费者需求的情况下销售昂贵的榨汁机，最终因销量不佳而关门大吉。相比之下，企业通信公司 Slack 的成功之道是首先对用户需求进行广泛研究，然后根据市场需求完善产品，最终被全球领先的客户关系管理软件服务提供商 Salesforce 以 270 多亿美元收购。这一原则同样适用于学生。通过花时间了解可获得的学术荣誉、领导能力培养机会和选拔标准，以及大学录取数据、竞争对手情况和符合实际的衡量基准，他们就可以做出更明智的决定，降低不切实际的期望，提升成功概率。

认识拒绝的两面性

在遭到拒绝的那个夏天，我发现自己陷入了一种被消极情绪笼罩的紧张心理状态。我让"被拒绝"定义了自身价值，却没有充分肯定自己的努力。西工大附中的入学难度非常大，我却勇敢地尝试了三次，这实际上是很值得肯定的。我狭隘地把结果看成是二元对立的：要么是完全的胜利，要么是彻底的失败，忽略了二者间的中间地带。这种观点过于一元化，因为事情本来就不应该是非黑即白的。虽然我的成绩在西工大附中不够好，但与刚开始相比，我的学习能力因接触了西工大附中的考试而得到了极大的提高。这种认识与卡罗尔·德韦克（Carol Dweck）的成长型思维模式的原则不谋而合：她认为挑战是成长的机会，而非衡量先天能力的标准。

德韦克教授是我最尊敬的斯坦福大学教授之一。在她的开创性的著作《终身成长：重新定义成功的思维模式》（*Mindset: The New Psychology of Success*）中，她概述了固定型思维模式和成长型思维模式之间的区别（见图 1-3）。拥有固定型思维模式的人认为能力是静态的，失败反映了个人的不足。与此相反，具有成长型思维模式的人认为能力是可塑的，并相信努力和坚持会带来进步。

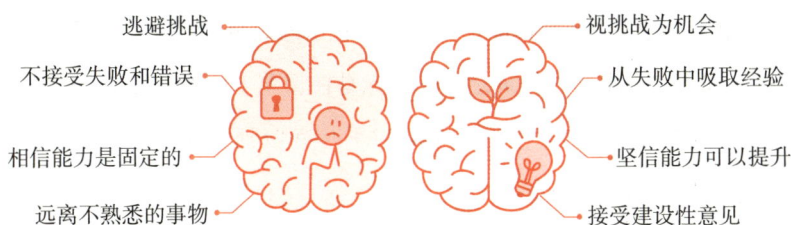

图 1-3　固定型思维和成长型思维

研究表明，成长型思维模式会对提升能力和学习成绩产生积极影响。例如，德韦克的研究发现，那些认为智力是可以发展的学生往往更愿意面对挑战，并能取得更高的成绩，其自信心也更强。他们把挫折视为学习的机会，用建设性的想法（如"也许我需要改变策略或更加努力"）、感受（挑战带来的快感）和行为（坚持不懈）来应对挫折。这表明，将拒绝视为垫脚石可以助力我们的成长，避免走入"死胡同"。

理查德·特德斯基（Richard Tedeschi）和劳伦斯·卡尔霍恩（Lawrence Calhoun）提出创伤后成长的概念，为理解逆境的积极结果打开了新视角。创伤后成长是指个人在经历重大挫折或困难后变得更加坚强和明智。虽然被拒绝并不像创伤事件那样严重，但它仍会引发负面情绪，从而给个人成长机会带来深远影响。我经历的情绪波动最终让我更加清晰地认识到自己的优势和需要改进的地方。通过这些失望，我学会了从容应对挫折，并将其视为重新评估自己策略的机会。

在睿深教育，我经常目睹学生收到拒绝信，却迎来了人生的关键转折点。美国的大学申请分为两轮：提前申请和常规申请。有想法的学生通常会选择提前申请。他们在暑假就开始完善个人文书、撰写简历，并取得优异成绩，其目标是在提前申请截止日期（通常是 11 月 1 日）前提交申请，并在 12 月中旬收到学校答复。这比常规申请提前两个月左右。

睿深教育孙同学的经历，体现了面对拒绝时的坚韧力量。从各方面来看，孙同学都是一个优秀的申请者——他不仅获得了国家级物理奖项，精通古典音乐，还发明了一种帮助青少年学习乐器的装置。他成绩卓越，拥有 15 门以上的美国大学预修课程的满分和优异的 SAT 成绩。孙同学简直就是美国顶尖名校的理想人选，因此他在提前申请阶段申请了他的心仪院校——斯坦福大学。

12 月 15 日，结果公布：斯坦福大学直接拒绝了他，连延期决定的机会都没有给。

他受到不小的打击，感觉多年的努力瞬间化为乌有。作为他的导师，我尝试给他些安慰："常规申请阶段我们仍有机会申请其他世界名校！"

让人刮目相看的是，他快速将挫折转化为成长的跳板。他没有屈服于悲伤，而是马上投入自己的申请文书改进中。他修改文书，重新录制个人介绍视频，并对整个申请材料进行了多次打磨。他利用常规申请截止日期前的两周时间进行反思、完善，展现出一个更饱满、有趣的申请形象。

最终，他被哈佛大学、杜克大学、康奈尔大学和剑桥大学等世界名校录取。几个月前看似毁灭性的打击，反而成为他重新振作的催化剂，助力他在录取中取得不俗的成绩。

你的最佳替代方案是什么

如果你没有备选计划，一旦遭到拒绝，就会遭受沉重打击。当你把注意力集中在一个单一的结果上时，你就会过度依赖这种可能性；如果你的努力没有得到回报，你就会更加失望。没有替代方案就好比把所有的金钱都投资在一只股票上。单一股票可能会带来高收益，但一个均衡的投资组合可以确保稳定性，抵御市场波动。如果没有适当的分散策略，你最终会把所有鸡蛋都放在一个篮子里。这种做法不仅在投资中不可取，在你求学之路的各个层面也是欠考虑的。

当我申请西工大附中时，我只专注于这一个目标。尽管陕西还有几所类似的高中，我没有认真考虑其他选择。事后看来，这种做法并不可取。我忽视了谈判协议的最佳替代方案（best alternative to a negotiated agreement，BATNA）。我未能确定或利用最佳替代方案，因此很容易遭到拒绝，且没有任何应急计划。

如果我考虑了替代方案，比如申请多所同类学校，就会大大降低两手空空的风险。多元的努力不仅可提高我成功的概率，也能减轻被拒对我产生的情绪打击。

多年后，当我追寻飞行梦时，我学到了一个对我生活影响深远的概念——"飞行前计划"。在航空领域，飞行员必须时刻做好应对突发情况的准备，包括绘制主要航线图，确定备用机场，制定必要时到达机场的明确计划。备用计划不是可有可无的，而是法律强制规定的安全条例。当我忘记规划备选高中时，我基本上是在盲目飞行。如果一条路走不通，准备充分的人能无缝衔接地转向下一个选择。无论是申请多所学校、尝试不同的竞赛，还是多与实习公司接触，学生们都可以采取同样的方式，使自己的目标多样化。

回到孙同学的例子，我给他的一个建议是在提前申请结果公布前就准备好常规申请的材料。很多学生会犯一个错误，就是等到 12 月中旬提前申请结果出来后，才开始考虑常规申请。这一做法的风险极大，因为这段时间与圣诞节和新年假期重叠，他们没有时间整理文书和润色其他申请材料。在每个申请季，我都会督促学生在 12 月初之前将常规申请材料准备好，达到"可提交"的状态。这样他们就能集中精力调整申请材料，而不是在年底匆忙地从头开始。这种未雨绸缪的方法不仅能减轻压力，还能让他们在提前申请结果不佳时，迅速转入常规申请。

在创业领域，成功的创始人深知多样化战略的价值，并为不同的情况做好准备。初创企业通常会从一种主要的商业模式开始，而繁荣发展的企业，则是在必要时能较快转型的企业。以奈飞（Netflix）公司为例。1997年奈飞成立时，其主要业务是通过邮寄方式租借DVD。这在当时是一个突破性的想法，它提供了传统视频租赁店无法比拟的便利性和选择性。然而，奈飞的领导层很快意识到市场正在快速变化，互联网和数字媒体的高速崛起对实体媒体构成了一定威胁。那些未能适应变化的公司（如曾经的行业巨头Blockbuster）将遭到极大冲击。

奈飞并没有等到市场压力倒逼才开始行动，它早就准备好了最佳替代方案：大胆地从DVD租赁转向流媒体服务。这一转型并非一蹴而就。奈飞在技术、内容许可和用户体验方面投入了巨资，通过提前布局，成功从邮寄DVD平稳过渡到流媒体服务，极大地改变了人们消费娱乐的方式。

此后，奈飞进一步完善商业模式，拓展到原创内容制作领域，并推出了《纸牌屋》《怪奇物语》《王冠》等热门剧集。此举进一步巩固了奈飞的商业地位，使其不仅成为在线观影的首选网站，还成为一个屡获殊荣的内容创作平台。

截至2025年1月，奈飞在全球拥有超过3亿用户，市值超过4100亿美元。它的成功故事证明了最佳替代方案的必要性，当原计划不再满足企业需求时，企业可以执行一套经过深思熟虑的替代方案。

成功与适应能力、应变能力和准备工作密切相关。无论是在求学还是创业中，有替代方案就能在意外发生时保持灵活，进而维持发展。制定替代方案，比如在收到提前录取结果之前准备好常规录取申请材料，这绝不是自我怀疑或怯懦的表现，而是一种战略方法。它能确保你无论遇到什么挑战，都能随时向前迈进。

经历早年的拒绝后，我开始将其视为成长中自然而必要的一部分。我不再害怕被拒绝，而是接纳并拥抱它。后来，当我向斯坦福大学、哈佛大学、麻省理工学院等院校申请各种研究生项目，或向高盛与摩根大通等企业申请实习机会时，我不再害怕听到"不"。因为我知道结果并不重要，重要的是尝试和实践的过程。如今，我仍时常面对拒绝，但我会微笑着迎接它们。拒绝已经成为我值得信赖的朋友，它们督促我适应、反思，并成为一个更有韧性的自己。

尽管耐挫力很重要，但学校很少培养学生的这一能力。学生可以通过三个关键原则来培养它：第一，必须了解"游戏规则"，评估自己的极限，设定现实的期望目标，这包括仔细评估竞争格局，准确识别自己的优劣势，以战略思维迎接挑战；第二，保持成长心态，将拒绝视为成长机会，专注于从中获得的技能和见解，而不是执着于结果；第三，无论是在学业、职业规划还是个人目标方面，都应该准备一个可靠的最佳替代方案。同时，减少被拒绝的负面影响，并在起初的努力没有结果时找到一条前进的道路。此外，构建一个由导师、朋友和家人组成的强大的支持网络，可以得到应对困难时所需的鼓励和指导。

第二章

变革力
将目标放大 10 倍，改写游戏规则

如何在校内外反复挑战规则的束缚，争取本不存在的机会，
在学习和创业过程中不断创造新的纪录

2010 年秋天，在我被西工大附中多次拒绝后，母亲提出一个大胆的建议。

"去新西兰上高中怎么样？"她充满期待地问道。

我有些不敢相信。去新西兰吗？我甚至从没出过国，但母亲话语中的坚定让我明白她不是一时兴起。

"我已经考虑很久了，"她说，"妈有一个朋友在那里，我觉得去新西兰读高中对你来说是非常好的机会。"

她继续给我讲她了解到的信息——新西兰的学校和教育体系鼓励个人成长、激发创造力和全面技能的培养，让学生可以在学业以外的多个领域得到发展。

"你喜欢篮球、跑步、钢琴、绘画……新西兰的环境能让你尽可能地发掘自己的爱好，而不是只关注高考分数。"

母亲的提议正中我意。这条路能让我选择一条与高考截然不同的赛道，让我看到另一种可能性。

但我还是犹豫了："那出国的费用怎么办？"

她眉头都没皱一下："那是我们该考虑的事。你的任务就是把握好这个机会，让父母为你骄傲一次。"

母亲的话萦绕在空气中，她似乎已经下定决心。那一刻，我意识到这可能是我学业新篇章的开始。

2011 年 1 月，我第一次踏上新西兰的土地。英语语言障碍如当头一棒，阻挡在我实现目标的道路上。面对这一障碍，我不得不先去语言学校学习基础英语，等英语水平达标后才能进入当地高中。

三个月后，我在奥克兰北岸的远极中学正式开启高中生活。远极中学是新西兰规模最大的高中之一，有 3000 多名在校学生。第一天，在欢迎仪式上，一位即将毕业的学姐吸引了我，她分享了她获得纽约大学阿布扎比分校全额奖学金的心路历程。她的故事让我深受鼓舞——如果她能做到，我是不是也可以尝试一下？

尽管我依然在和英语作斗争，但我开始在数学上找回了自信。我被分到 11 年级（新西兰的高一）的数学常规班，这个班主要面向数学能力普通的学生。还有一个班是为成绩优秀的学生开设的"拓展班"，其课程进度更快，课程内容也更具挑战性。学习了几周后，我发现课程进度缓慢，课程内容对我来说也没有一点儿挑战。我很快意识到，要想实现真正的突破，必须在一个更具挑战性的环境中学习。

廖同学是我在学校的朋友，也来自中国。他已在新西兰生活多年，不仅对学校的情况了如指掌，而且在拓展班。一天早晨我找到他，想让他给我一些建议。

"同学，"我强压紧张，用普通话问他，"你知道我怎么才能从常规班转到你们班吗？"

廖同学顿了一下，疑惑地看着我。"什么？你在开玩笑吗？"

我眨了眨眼睛，不确定他是不是认真的。"我不是在跟你开玩笑。我真的想转班。"

廖同学摇摇头，还是面带怀疑，"清醒一点。如果要转班，你能用英语和老师表达你想要转班的需求吗？他们连听都听不懂，更别说让你进拓展班了。"

虽然我知道他并无恶意，但话确实很刺耳。那一刻，我心中燃起了反抗之火，下决心不能让语言或任何人对我的偏见来决定我的去留。

那天晚上，我用中文写下想对数学老师说的话，然后用电子词典翻译成英语。我反复练习这些句子，直到能自信地说出来为止。

第二天，我拿着手稿在学校陌生的走廊里穿梭，直到找到数学系主任的办公室。我深吸一口气，敲门进去，准备向系主任陈述我的请求。尽管英语说得磕磕巴巴，紧张得几乎喘不过气，但我知道必须表达我的诉求。

不出所料，系主任听后显得有些犹豫："你确定要这样做吗？"她的语气中带着怀疑和担忧，"你刚安顿下来，转到拓展班是个很大的跨越。这门课要求很高，我们通常只允许在前两次考试中取得'优异'成绩的学生转班。"

她的回答很中肯，但当时第一学期才刚开始，我还没机会参加任何考试。我没有退缩，而是继续推动谈话。

"如果，"我小心翼翼地，一字一句把我想说的话说出来，"如果给我安排一场分班考试呢？或者我还能做些什么，来证明我已经准备好了？"

系主任顿了一下，似乎在衡量我的决心。最后，她点了点头，"好吧，你下周再来，我给你安排一场单独的分班考试。如果你通过了，我们会考虑把你转到拓展班。"

走出办公室，我既兴奋又紧张。这是我的机会，一个虽小但意义重大的机会，我绝不能错过。

接下来的一周内，我全身心地投入备考。我上网搜寻过往试卷，下载所有能找到的题目，让自己进入模拟考试状态。我做每份试卷时都严格计时，仔细分析每一个错误，梳理出不熟悉的概念，针对性复习，尽可能多地掌握知识点。

一周后，我回到她的办公室，参加了 90 分钟的分班考试，感觉考得还不错！交卷时，我感到既轻松又焦虑。现在，我能做的只有等待。

两天后，我被叫回数学系主任的办公室，心里紧张不已。系主任微笑着向我打招呼，这让我放松了许多。

"恭喜你，"她说，"你不仅通过了考试，还取得了优异成绩。我们相信你完全有能力跟上拓展班的进度。"

一股自豪感涌上我的心头，但她接下来的话让我更为惊喜。"其实，我们已决定把你转到 12 年级的拓展班。按照惯例，我们通常不让学生跳级，但你的表现证明，你已经做好了准备。"

这简直就是意外收获。

我不仅获得了拓展班的名额，还整整跳过一年的课程。这个结果让我备受鼓舞，毕竟我第一次带着手稿走进办公室时，根本不敢想象会得到这样的结果。

通过克服别人的否定和自我的怀疑，抓住机会证明自己，我打开了原本可能关闭的大门。这让我更加坚信，只要有决心并付出努力，任何规则和标准都可能被打破。

多年来，我们作为学生一直被要求遵守规则。从进入幼儿园开始，我们的生活就被规范、惯例和习俗所支配，因为它们有助于维持社群内的结构、纪律和公平。尊重规则固然重要，但培养独立思考的能力，在必要时质疑、验证和打破这些规则也同样重要。

打破规则需要好奇心、批判性思维和超越既定界限的探索欲。这种能力在当今快速发展的世界中尤为宝贵。许多社会结构、传统和制度都是几十年甚至几百年前建立的。在一个全球化加速、技术不断进步和文化持续变迁的世界里，学生必须具备质疑不合时宜的规则的能力，审慎评估这些规则是否阻碍了进步。

这种打破规则的勇气与能力与成功企业家的核心能力是一致的。成功企业家大多足智多谋、勇于创新，是天生的破局者。他们总能发现效率低下的问题，勇于挑战现状，并创造出可能彻底改变行业现状的解决方案。这种变革并不是制造混乱，而是改进事物的运作方式，即打破常规束缚，敢于另辟蹊径地处理问题。

全球领先的网约车平台优步（Uber）的联合创始人特拉维斯·卡兰尼克（Travis Kalanick）就是一位典型的勇于打破规则的企业家。优步刚推出时，在全球范围内遭遇巨大阻力。在许多城市，传统出租车服务经常以法律和监管限制为由，极力反对优步的推广。然而，其中的一些政策并不一定是为了保护消费者，而是为了维护既得利益者的权益。优步的运营模式允许个人使用私家车运送乘客，具有一定变革性和创新性。为了取得成功，优步必须应对复杂的法律纠纷、制定新战略并建立同盟。通过打破限制竞争的政策法规，并持续克服阻力，优步最终成长为一家市值超过 1500 亿美元的全球性企业，并从根本上重塑了人们对交通方式的看法。

我们在上一章提到过爱彼迎的故事。它的三位创始人也曾面临着来自酒店游说团体和地方政府的巨大挑战。在许多司法管辖区，出租私人住宅被视为一种非法行为。与优步一样，爱彼迎也面临着被诉讼、被反对和被限制的困境。然而，爱彼迎凭借其灵活应变能力和适应能力，让数百万房主和旅行者使用其平台，证明了质疑过时的规则可能带来变革性的成功。

打破规则不仅要抵御外部压力，还要克服自我认知偏差。我在斯坦福大学工商管理研究生院（简称斯坦福商学院）学到的心理学概念，如可利用性法则（availability heuristic）和锚定偏差（anchoring bias），解释了人们为何坚持既定规则，抵制变革。可利用性法则促使我们在做决定时依赖熟悉的例子。例如，当我们想到交通工具时，脑海中第一个想到的是传统出租车。其中的原因很简单，这是我们熟悉的方式。同样，锚定偏差会导致个人在形成观点或判断时严重依赖初始信息。例如，国际文凭课程一般要求学生学习三个高级水平科目和三个常规水平科目。当学生最初接触国际文凭课程时，往往会固守这种选课标准，而不太会主动探索学习四个高级水平科目的可能性，从而进一步展现自己的能力。这些认知偏差让人们高估自己已知的事物，而低估新想法的潜力。

有趣的是，一些世界名校已认识到打破规则的重要性，并鼓励学生反思类似的经历。例如，美国大学通用申请系统的其中一篇文书要求学生"反思一段你质疑或打破某种信念或观点的经历，阐述是什么引发了你的思考，以及最终结果如何"。这个题目要求申请人展现自身的求知欲、批判性思维和勇气。这些名校更加重视那些勇于突破边界、独立思考的学生。它们明白，真正的领导力在很大程度上源于对既定规则的质疑和对创新道路的探索。

自由课时和午休时间：我的隐藏"免费午餐"

在成功升入 12 年级数学拓展班后，我更有动力去探索新方法来挑战极限。我的日程安排越来越紧凑：从合唱团排练到篮球训练，再到在中餐厅打工以及为红十字会慈善商店做义工，我每天忙得不可开交，甚至作业也成了我的一个负担。我发现自己难以兼顾这一切。虽然参加各种课外活动正是我来新西兰的原因之一，但我意识到我需要进行时间管理。

在远极中学，学生们每天有 45 分钟的上午茶歇时间和 1 小时的午休时间。我们把大部分时间都用来社交，与朋友聚在一起讨论游戏、电影或体育等话题。最初我很喜欢这些休息时间，因为我可以结交新朋友，逐渐适应在这个国家的新生活。但过了一段时间，我开始质疑这种长时间社交的意义。虽然聊天很有趣，但随着时间的推移，每次聊天的信息量也在不断递减。我不禁问自己："我真的最大化地利用了这些时间吗？"

我决定采取一种略显反常的方式：不再把大部分休息时间用在社交上，而是利用这些时间做作业。我给自己制定了一条简单的规则：不在校外做作业。我的目标是在课间就高效完成尽可能多的作业，这样放学后的时间可以用于课外活动或打工。平均来看，我有80% 的时间能完成这个目标。这一转变大大提高了我的效率。

有些人可能会认为，这样调整并非什么了不起的创新。但是，在时间管理的过程中，人们往往忽略了对微小低效之处的发掘，以及寻找优化方法。企业家们经常把这些被忽视的机会称为"低垂的果实"，也就是唾手可得的胜利。一旦发现这些机会并采取行动，就会产生一定的影响。就我而言，重新考虑如何利用上午茶歇时间和午休时间这一简单的决定，产生的连锁反应就是我整个高中阶段取得了优异的成绩。

这种心态一直延续到高中最后一年。在我们高中，学生通常每天上六节课，大部分人花五节课用来完成五门选修课程的学习，将其中一节课用于复习或放松。低年级学生都热切期盼这段空闲时间，将其作为放松或与朋友聊天的机会。不过，我知道自己已经形成利用课间休息时间学习的节奏，因此我在想，我是否应该放弃这段空闲时间，多选修一门课程，尽可能地提高学习效率。

当我向年级主任提出这个想法时，她很惊讶："你是第一个想主动放弃自由活动时间的学生。"学生们都期待 13 年级能有更多课外时间，而我却要求把自己的时间安排得更紧凑。虽然她仍有些顾虑，但在得到校长批准之后，她还是同意让我执行这个不同寻常的计划。

通过选修六门课程而不是常规的五门课程，我加快了微积分等课程的学习进度，不仅完成了更多的高中课程，而且积累的学分明显多于其他同学。毕业时，我被评为学校的"Dux"，这是授予毕业班成绩最好的学生的最高学术荣誉。我也是该校历史上第一位获此殊荣的国际学生。

我不愿意将自由课时和午休时间视为固定的"闲暇时间"，而是将它们重新定义为额外"自我充实"的机会。这种心态让我想起了创业者版本的"时间套利"（time arbitrage）概念，即初创公司的创始人将时间分配给价值最高的活动，而不是拘泥于传统的例行公事。

例如，有着"现代钢铁侠"之称的美国企业家埃隆·马斯克（Elon Musk），以其精密的时间区块化管理法而闻名。他以 5 分钟为单位来安排一天的行程，以最大限度地提高工作效率。传统的时间管理通常以一天中的大块时间设定优先级，而马斯克则打破了这一常规：他将自己的时间分割成任务高度集中的碎片，这样他就能直接参与许多首席执行官会委托他人处理的事务。例如，马斯克并不只是参与战略会议，他还会分配特定的时间段来参与他掌管的太空探索公司（SpaceX）的工程设计评审或评定特斯拉汽车的制造细节。这种深度参与打破了传统首席执行官作为高高在上的决策者的刻板形象。

人们常说天下没有免费的午餐，但通过充分利用学校的自由课时和午休时间，我成功地挤出了一定的时间，用来专注于更有价值的产出。

这个世界已经充满了各种规则，不要用规则来限制自己

在睿深教育指导学生时，我注意到许多学生经常受制于常规惯例。这些从未被打破的规则会限制他们的成长和潜力。我记得曾经辅导一个姓王的同学，她在国际文凭课程选课的问题上反复纠结。她纠结的问题有两个。一个是她应该选择英语 A 还是英语 B。在国际文凭课程中，英语 A 适合母语为英语的学生，而英语 B 则适合将英语作为第二语言的学生。由于王同学的母语是中文，她坚持要选中文 A 和英语 B，这是她所在学校学生通常的选择。但是，我知道王同学的英语水平很高，因此鼓励她暂时忽略大多数同学的选择而挑战英语 A。由于英语在大学教育中十分重要，我认为选择英语 A 将帮助她走出舒适区，有利于她的学业和个人的长远发展。

另一个是她应该选修多少门高级课程。如前所述，国际文凭课程的学生通常选修三门高级课程和三门常规课程。当我第一次建议她选修四门高级课程时，她立即拒绝了，她说学校不允许这样做。我没有直接反驳，而是建议她跟学校核实一下，看看书面的规定。几天后，她来找我，因为她发现学校并没有这样的明文规定。王同学最终选择了英语 A 和四门高级课程，并以 44 分（满分 45 分）的成绩毕业。收到成绩的那天，她打电话向我表达了感激之情。她说，尽管一开始她对我的那些看似激进的建议持怀疑态度，但这样的挑战不仅提升了她的英语能力，以及对深度文学作品的理解力，还让她在学术上更加自信。这些都是她最初没想到的。

除了国际文凭课程，我还在其他课程体系中看到过类似的局限性。即使是竞争非常激烈的英国的学校，如伊顿公学和哈罗公学，

也规定学生只能选修三门到四门 A 水准（源于英国的国际课程体系，A-Level）课程。而其他学校（如新加坡美国学校），则通常规定学生只能选修七门美国大学预修课程。对于学习能力很强且未来想挑战世界名校的学生来说，这些限制不太合理。在这方面，国际文凭课程提供了一条有价值的基准线：参加国际文凭课程的学生除了要学习六门主科，还要学习拓展性论文（EE）、知识理论（TOK）和创意、活动、服务（CAS）三门课程，这些额外的课程让他们的学习经历更丰富。如果国际文凭课程的学生能够应对这样的工作量，那么学习 A 水准课程的学生应该也能学习超过四门课程。然而，这些传统的政策还是一如既往地影响着学生，不是因为它们准确地反映了学生的潜力或现状，而是因为学生认为这是他们应该遵循的"标准"。有些人可能会说，这些上限是为了减轻压力或确保平衡。这些担忧虽然合理，但许多人往往因此放弃了解锁自己更多潜力的机会。

我在哈佛大学肯尼迪学院就读的第一年，了解到"交接学期"（T-Term）这一特别的机会。这个项目让被选中的学生与新当选的州或地方政府官员组成搭档，协助官员们完成新旧政府的交接工作。这些角色涉及从战略规划到政策研究等各个领域，为学生提供了难得的接触基层公共服务的机会。得知这个消息的那一刻，我就下定决心要抓住这一机会。我去参加了项目说明会，向过去的参与者了解情况，并提交了一份申请。几周后，我收到了入选的好消息！我将有幸协助田纳西州孟菲斯市新当选的市长保罗·杨（Paul Young）的团队进行交接工作。

那天晚餐时分，我把这个好消息告诉了我在肯尼迪学院的张同学。出乎我的意料，他十分诧异，"啊？我以为'交接学期'项目只针对美国公民！"

"我确定肯尼迪学院的任何人都可以申请。"我回答道。然而，他的笃定确实把我吓了一跳，于是我赶紧拿出电脑仔细查看了申请条件。这证实了我了解到的信息没有错，这个项目没有任何身份要求。张同学有点失落，他认识到自己潜意识里的一个假设让他失去了一个原本可以努力争取的好机会。

自我设限往往会阻碍我们实现目标。张同学对申请资格的假设并非基于任何书面政策，而是基于他对项目"合理性"的看法。这种想法并不少见。它反映了一种被称为"自我障碍"（self-handicapping）的心理偏差，即个人通过制造或想象障碍来避免失败可能带来的痛苦。他们没有抓住机会，而是主动地关上机会之门，但往往没意识到，那扇门其实一直敞开着。这个世界已经有足够多的规定来限制我们抓住机会，我们应避免因未被证实的假设而为自己制造更多障碍。

见招拆招是不够的，转守为攻吧

在新西兰读高中的最后一年，机缘巧合下我了解到美国大学预修课程。顾名思义，完成这些大学预修课程可以让高中生提前获得大学学分，从而省去一些获得大学学位所需要修读的课程，澳大利亚和新西兰的一些大学也认可这种机制。考虑到接下来的经济负担，这些课程能减少未来大学学费的优势格外吸引我。然而我很快发现，新西兰没有一所学校提供美国大学预修课程考试，更不用说开设相关课程了。高中生修读美国大学预修课程在这里简直闻所未闻。

我并没有打消这个念头，而是给远在国内的父母打了电话并请他们帮忙。幸运的是，他们很快找到了一个在西安的考点。

但我很快又发现，美国大学预修课程考试是在 5 月举行，而 5 月正好是南半球学校学年的中间时段。我的高中课业已经很繁重了，同时还要兼顾美国大学预修课程考试，这让我望而生畏。但在权衡利弊之后，我决定放手一搏。

我选择参加七门美国大学预修课程考试：微积分、统计学、宏观经济学、微观经济学、化学和两门物理 C（力学和电学与磁学）。尽管我志在必得，但学习资源极其有限，整个新西兰几乎没有专门辅导美国大学预修课程考试科目的老师；即使有，我也很难负担得起高昂的辅导费用。新西兰的本土课程从未涉及过物理 C 课程中的一些高级概念，比如在物理学中使用积分和微分。我向学校的物理老师和奥克兰大学一年级学生寻求帮助，但他们也不熟悉这门课程。幸运的是，我在一个海外视频网站上发现了一位来自纽约的物理老师的频道。他的美国大学预修课程物理课视频简明扼要、深入浅出，这自然而然成了我的救命稻草。

报名陕西的考试后，我意识到需要请接近一个月的假。考虑到学校很难批准这么长时间的假，我先向老师咨询了意见，但也知道仅此还不够。于是，我又向校长提出了申请。经过几次沟通，我保证不会落下功课后，校长最终同意了我的请假申请。

为了做好长期缺课的准备，我提前学习了所有科目。回到新西兰后，我开始全身心地补上落下的功课。2013 年 7 月成绩公布，我在七门美国大学预修课程考试中都获得了五分（最高分）。在新西兰，可能没有人尝试过这一任务。我突破了重重限制，如愿以偿地在美国大学预修课程考试中提前取得了大学学分。

说到打破学术规范的限制，我的合伙人杰米是我一生中遇到的非常能体现这一能力的人。他对卓越的不懈追求，对打破常规的无畏态度，是重新定义一个人教育可能性的极佳证明。

杰米在读高中时，选修了十门 A 水准课程，这让所有听到消息的人都很震惊。按照惯例，大家通常只修读三门到四门课程。尽管科目数量众多，他也没有降低学习质量，获得了八个 A*（最高成绩）、两个 A 的成绩，以及多个新西兰最高分和世界最高分奖项。这是约 15 年前发生的事了，当时这样的成绩几乎闻所未闻。在哈佛大学，杰米仅用三年就获得了学士和硕士学位，而大多数学生完成本科学习就需要四年。

杰米继续打破常规，成为斯坦福商学院有史以来最年轻的入读学生之一 ——该学院的平均学生年龄约为 28 岁，而他入读时只有 22 岁。尽管年龄不大，他却以全校前 10% 学生的身份从精英云集的斯坦福商学院毕业。随后，杰米不仅获得了耶鲁大学法学院的法学博士学位，通过了竞争残酷的纽约律师资格考试，当选为罗德学者，还在牛津大学取得公共政策博士学位，在普林斯顿大学完成了高强度的量化金融硕士项目。每项成就都需要截然不同的技能，但杰米一次又一次地证明了自己。

我还记得当杰米第一次提出筹集数百万美元天使投资的想法时，我的第一反应是"白日做梦"。在新西兰，几乎从未有过如此大规模的融资投给我们这个年纪的创业者。然而几周后，我们成功获得了 140 万美元的种子轮投资，并得到了新西兰一些知名天使投资人的支持。这让我不禁想起中国的那句名言，"初生牛犊不怕虎"，这是对年轻人大无畏精神的肯定。无论是年龄、国籍，还是资历，杰米超脱于限制的态度让我深受震撼。

在睿深教育，我们经常鼓励学生打破传统框架的桎梏，以摆脱常规教育体系束缚的思维来思考。学生应质疑那些在不知不觉中阻碍他们前进的假设。如果体制障碍仍然存在，学生应探索其他选择，如自费参加额外考试、注册在线课程、开展独立学术研究或考取外部资格证书，从而加快学习进度，丰富学术背景。我们还督促学生发现身边棘手且有意义的问题，并通过开展商业课题、主持播客、撰写博客、发起社会活动或建立非营利组织等方式应对这些挑战。

真正的成长，始于对规则的挑战。本章的三个核心建议（利用隐藏的"免费午餐"时间、拒绝自我设限、从被动应对转向主动进攻）不仅是提升效率的策略，更是一种突破思维边界的生存哲学。首先，"免费午餐"思维教会我们重新审视那些被默认为浪费的碎片时间。就像我将课间和午休转化为学习时间一样，虽然时间总量不会凭空增多，但可以通过打破"休息时间只能社交"的惯性思维，将它们重塑为自我提升的黄金窗口。其次，世界上已有太多规则，别再为自己增设枷锁。无论是王同学突破国际文凭课程选课惯例，还是张同学因假设错失"交接学期"机会，以及杰米挑战十门 A 水准课程，都印证了一点：限制往往源于自我的认知偏见，而非客观规则。当你发现"标准路径"只是多数人的选择，而非唯一答案时，你便解锁了超越常规的可能性。最后，真正的破局者从不满足于被动地解决问题，而是主动创造新规则。我没有妥协于"新西兰无人参加美国大学预修课程"考试的现实，而是跨国协调、自学攻坚，用超出同龄人的工作量和进步速度证明：限制存在的意义，就是被打破。

教育的终极目标，不是教会我们如何在既定轨道上奔跑，而是培养我们开辟新赛道的能力。当你将时间视为可重塑的资源，将规则视为可谈判的边界，将挑战视为可主动把握的机遇时，你便不再只是游戏的参与者，而是规则的制定者。 这是在当今激烈竞争中升级学习力的重要法则。

第三章

探索力

敢于冒险，安于现状往往是危险的选择

如何在拒绝梦寐以求的大厂工作机会后，
不断冒险远离舒适区，从而取得意想不到的收获

"你这也太任性了吧！"我爸坐在沙发上冲我喊道。他声音洪亮，语气中带着难以置信。

"你不是头脑发热吧？放弃这么好的工作机会，就为了一个小生意？"

我站在那里，心跳加速，"是的，爸，我考虑好了。创业对我来说是更好的选择。我想成就属于自己的事业，而不是只拿铁饭碗为别人打工。"我尽量让自己的声音保持坚定，尽管内心备受冲击。

"你根本不知道自己在做什么……完全不考虑后果！"他并没有平静下来，"那么小就送你出国留学，为的是让你接受更好的教育，找到一份有前途的工作。现在你却想放弃到手的机会，是吗？"

那是 2015 年，我刚读完大一，放假回到家中。本该温馨的家庭团聚，却变成一场全面爆发的争吵，焦点是我该继续在教育领域创业还是去投资银行工作。

我们的声调一个比一个高。"我已经成年了，有权利为自己做决定！"我很激动，想为自己辩解，不满他把我的愿望看成是一时兴起的想法。在他眼里，我可能有些鲁莽、不成熟；而在我看来，他不愿接受我选择的人生道路，因为这不是他心中的完美模式。

理智点看，父亲的态度不无道理。几年来，我一直在为金融行业的工作做准备。这是许多澳大利亚商科毕业生梦寐以求的工作，不仅有可观的工资，更有当你一提到公司时，人们流露出的羡慕与钦佩——它几乎满足了一个大学毕业生对职业的所有期待。经历了残酷的多轮面试，我成功得到一家顶级投资银行一个让人羡慕的实习机会。从办公室望去，悉尼歌剧院和悉尼港的美景尽收眼底。

从世俗眼光来看，我中了头奖。但是，当我穿好西服，打上领带，踏进那个玻璃幕墙里的金融帝国时，总感觉有什么东西在啃噬着我。

我整天都在梳理报告、核实数据、反复核对上级下达的决定。我是公司等级制度中底层的一员，是一台精密运转机器中的一个小齿轮。我花几个小时研究的信息可能永远不会被使用，而对于那些我核对过的决定，我也几乎没有发言权。我知道，这是所有初级分析师进入金融行业的必经之路。我也明白，这个系统就是这样运作的。我必须找到窍门，证明自己的能力，并不断向上攀登。

但在睿深教育，即便我们只是一家小型的初创企业，一切都截然不同。我所做的每一个决定都在实时塑造公司的未来：招聘什么样的员工，下一步拓展哪个市场，为本季度设定什么目标，等等。我们没有像全球领先的投资银行那样打理着数百亿美元的资本，但作为一名企业家，我可以看到我做的事情所带来的直接影响。

与此同时，我坐在投资银行的办公桌前，与那些业内有着敏锐头脑的资深交易员并肩作战。我钦佩他们的经验和智慧，目睹他们在证券市场交易中游刃有余，为公司带来了可观的经济效益。然而，当我看到他们日复一日工作的样子，脑子里会蹦出一个可怕的想法：如果我在这里继续磨炼十年到十五年，也许，只是也许，我就能达到他们的水平，坐在他们的工位上，拿着与他们一样的薪水。

但这真的是我想要的吗？

相比于创业的不确定性，这一确定又清晰的轨迹更让我感到害怕。我是否准备好在未来的十年沿着这条路稳步向上攀登，过上一种声名显赫、收入可观，却让自己感觉不好的生活吗？

这是可预见的生活吗？

我想冒险。我想考验自己，看看除了走一条铺好的路，我还能做些什么。是的，创业有风险。也许我永远无法拥有投资银行执行董事所具备的财富、保障和声誉。也许我会失败。但是，我也有机会创造一些更具影响力的东西。这种想法、这种未知、这种挖掘并超越自我的可能性，比在公司摩天大楼里等待我的任何东西，都要令我兴奋。

虽然投行的办公室里有不限量供应的高档零食和进口玻璃瓶装气泡水，但我选择在没有窗户的办公室里追逐着一个完全不同的梦想。为了节省房租，我甚至在办公室里睡了几个月。严格来说，我都不知道这样做是否符合写字楼的规定。但那个时候，收入没有保障，我省下的每一分钱都意味着可以用在公司下一场推广活动上。

我买了一个充气床垫藏在办公桌下。每天晚上，大家离开后，我就在办公室的角落给气垫床充气，同时希望我晚上睡觉时不会被人发现。

办公室里的灯是感应灯，任何细微的动作，比如换个位置、伸个懒腰，甚至是深呼吸，都可能触发突然刺眼的光。倘若我在睡梦中抽动一下，整个办公室就会亮如白昼。我学着戴上眼罩睡觉，把眼罩压得很紧，感觉就像被裹在遮光窗帘里一样。气垫床漏气也是个问题。每天晚上，无论我上床睡觉时床垫有多结实，到了早上，我的身体都会下沉，背部扭曲成不自然的形状，腰部也因为没有支撑而酸痛。有几个早上，我几乎是在地板上醒来的，而床垫在我身下变成了一个皱巴巴的气袋。

有一件事令我记忆深刻。某天凌晨三点，我被一个电工吵醒。当时我睡得很沉，完全没意识到有人进入了办公室。突然"叮"的一声，刺眼的白光照亮了整个房间。一个充满慌乱和困惑的声音用我听不懂的语言大喊着。我猛地惊醒，转过身来，对着突如其来的强光猛眨眼睛，同时大脑在试图理解为什么有人站在我面前。

电工看起来和我一样惊恐。他原本是来例行维护检查的，以为凌晨的写字楼里空无一人，结果却发现有个人睡在充气床垫上，身上还裹着毯子。他愣住了，眼睛瞪得像铜铃，好像刚刚经历了某个恐怖电影的情节。我昏昏沉沉地嘀咕了几句，带着困意也带着几丝歉意。但就在这时，我突然意识到这个情节有多荒谬：一个创业者半夜在办公室里睡得正香，却与前来维护检查的电工偶遇，显然我俩都不知道该如何处理这件事。

虽然床没那么舒服，任何一个动作都会触发"灯光秀"，与电工的尴尬相遇也时有发生，但我还是坚信自己的选择。创业者的身份与金融工作者的生活大相径庭，但这种成就感值得每一秒的付出。

然而对我来讲，告诉爸妈我要放弃投资银行的实习机会去创业才是真正的挑战。

我知道这将是一颗重磅炸弹。我还记得当我拿到投资银行的实习录用通知时，父母有多么欣慰，因为这证明他们的付出得到了回报。我是个争气的孩子，终于可以把多年的学习成果转化为实实在在的东西，不管是薪水还是别人的认可。在传统文化中，找到一份有声望的高薪工作不仅是个人的成功，也是家庭的荣耀。

而现在，我却告诉他，我要放弃这一切。我很了解我的父亲，也很清楚事情会怎么发展。

争吵愈演愈烈。这是一场世界观的碰撞，是两代人的冲突，是我们看待世界的方式的差异所在。我的父亲，像许多出身于他这样家庭的人一样，从小就被灌输了一个清晰的成功公式：努力学习，考上一所好大学，找到一份稳定的工作，每月拿着丰厚的薪水。创业在我成长的地方，几乎就是无稽之谈。在相对传统、保守的文化氛围中，稳定和保障高于一切，不走寻常路就是鲁莽、不必要的行为，甚至是一种自私。

在我父亲看来，睿深教育不过是我心血来潮的一个副业，一旦我找到一份"真正"的工作，就会放弃它。而我认为，至少在接下来十年里，它就是我的未来。我们越是争吵，就越陷入沮丧、愤怒和固执的状态中。我指责他干涉我的生活，指责他不了解创业的潜力有多大。"你这是在拿自己的未来做赌注！"他反唇相讥，责骂我自大、天真。

那天发生争吵以后，我和父亲几乎没说过一句话。第二天，我收拾好行李，改签了航班，提前离开了家。在后来的六个月里，我和父亲几乎没有联系。母亲扮演起了调解人的角色，在两个还没准备好倾听对方的人之间传话。母亲虽不是一个追求刺激的人，但她对不确定性没有那么敏感。当年也是她极力要求我去新西兰，教会我直面风险，无所畏惧。

幸运的是，半年后，我和父亲之间那场看似不可能度过的风暴在慢慢平息。我向他介绍了睿深教育的最新情况，不带敌对性，也不是带着"我说什么来着"的态度，而是想让他放心，这并不是什么过于乐观的幻想。公司不断取得进展，在澳大利亚和新加坡迅速扩张。每次聊天，我都确保和父亲分享一些实实在在的东西，比如新的里程碑、新融到的投资以及学生的成功故事。我没有强求父亲立刻认同我的理想，而是向他表明，公司在朝着积极、稳健的方向发展。慢慢地，他的疑虑开始被打消，我能感觉到他在逐渐接受这件事。他的语气变了，不再说我的选择是一场鲁莽的赌博，而是逐渐认可这是一份值得投入的"正经"工作。

这对我来说意义重大。说到底，我们始终是家人。家人可能会给予我鼓励，也可能质疑我，有时还会让我倍感压力，但在他们内心深处，只想我过得好。有时候，在追求梦想的路上，最难的冒险部分不是说服自己，而是说服那些一辈子都在保护我的人。

十多年过去了，睿深教育如今蒸蒸日上。我们的业务遍及全球六个大洲。仅过去一年，我们帮助中国、美国、加拿大、英国以及其他欧洲国家的 3000 多名学生获得了难得的高等教育机会。在拿到多国教育部门的办学资质和国际课程体系教学认证后，CGA 环球学院（Crimson Global Academy）正在用 AI、虚拟现实等前沿技术重新定义高中教育，为全球 2000 多名学生提供个性化学习方案。

如果当时我选择了"保险"的那条路，这一切都不会发生。

冒险这件事令人兴奋。回顾过去，我的人生充满了冒险。每一次冒险，都让我离确定性越来越远，但又离我始料未及的机遇越来越近。比如第一次独自前往新西兰的经历。当时我从未出过国，几乎不会说英语，却冒险踏入了一个让我心生恐惧的全新世界。我放弃了一切熟悉的东西：舒适的家、熟悉的语言，还有那循规蹈矩的求学之路。后来，我并没有为了睿深教育住在堪培拉，而是选择住在悉尼。这对我们大学的学生来说并不合理，但我知道自己必须得冒这个险，为的是让睿深教育在更大的城市发展。之后，我没有在计算机科学和金融领域继续深造，而是回到中国参加了苏世民学者项目〔由黑石集团的斯蒂芬·苏世民（Stephen Schwarzman）全额资助的清华大学奖学金项目〕，将重点转向了全球事务和公共政策这些完全陌生的领域。在人生的许多阶段，我本可以选择一条安逸而稳定的路，但我愿意用确定性来换取更多的可能性。

这些年来，我在睿深教育遇到许多展现出同样勇气与胆识的学生。袁同学是睿深教育最早的一批学生之一，她至今仍是我见过最具冒险精神的学生之一。袁同学出生于成都，年幼时随家人移居新西兰。东西方文化的融合赋予了她一种独特的双重视角——她热爱公共演讲和辩论，对国际关系充满兴趣；既能理性剖析问题，又有表达自我的强烈渴望。

她是在哈佛大学模拟联合国会议上接触到睿深教育的。她对美国的大学教育体系特别是博雅教育和通识教育所强调的自由探索和紧密社区氛围产生了浓厚兴趣。在睿深教育的辅导和她自己的努力下，她成功拿到了多所美国知名高校的录取通知书，包括斯沃斯莫尔学院（美国常年排名前三的文理学院之一）。然而，她的家人和朋友很犹豫：毕竟在中国或新西兰，斯沃斯莫尔学院都不是一个耳熟能详的名字。但袁同学做足了功课，不为这些声音所动。现在回头看，她会告诉所有人这是她人生中最正确的决定之一。在斯沃斯莫尔学院，她遇到了一群求知若渴的同龄人，以及真正愿意投入学生成长的教授们。

让我最难忘的一幕，发生在她大二刚开学的那一周。当时，睿深教育在澳大利亚迅速扩张，急需一个能干实事，敢于冲锋陷阵的人。我立刻想到了袁同学。她口才出众，又熟悉睿深教育的业务和文化。我打开社交媒体，看到她头像旁表示在线的绿点亮着。我犹豫了一下，心想这个想法会不会太疯狂，然后鼓起勇气打字说："袁同学你好呀，你有没有想过休学一年，来澳大利亚加入睿深教育？"

我原本以为她会礼貌拒绝。毕竟，谁会放弃在美国大学丰富多彩的校园生活，跑到地球另一端去加入一个创业公司？然而她没过几分钟就回复了："嗯……能多提供点信息吗？"

接下来我们的对话效率极高。她接连发来问题，了解岗位的职责、团队构成、工作内容，甚至连薪资结构都问得一清二楚。几小时后，她再次发来消息：她已经给自己在斯沃斯莫尔学院的学术顾问老师发了休学申请，而且很快就得到了批准。第二天，她正式退课并办理了休学手续，甚至在国际学生办公室取消了自己的美国学生签证（这可不是件小事）。又过了一天，她收拾好行李，与朋友和导师吃了告别晚饭，然后登上了从费城飞往悉尼的航班。

一落地，袁同学便全情投入工作。她在澳大利亚各地举办讲座和信息分享会，用清晰有力的表达征服了众多的家长与学生。她有一种少见的天赋——能把复杂的概念讲得既鼓舞人心又清晰实用。她细致、共情力强、执行力出众，在这个岗位上取得了不俗的成绩。

一年后，当她回到斯沃斯莫尔学院时，已不再只是个普通的大学生，而是一位历经实战的沟通者，自信的领导者，亲身参与过创业征程、产生过实际影响的"战士"。那一年，她打破纪录，成为斯沃斯莫尔学院有史以来首位大二即当选学生会主席的学生，也是该校历史上首位担任这一职位的国际学生。

袁同学的冒险精神并未止步于此。她主修社会科学，同时学习阿拉伯语、政治科学，以及进行和平与冲突的相关研究。大学暑假时，她选择去伊朗的难民营提供志愿服务——没错，是伊朗。光是这个决定就足以说明她的胆识。学期刚结束，她便飞往伊朗。她知道这有可能影响她的学生签证，当然她也知道这会让父母担忧。事实上，她等到安全落地德黑兰之后，才告诉父母自己的行程！

临近毕业时，她又站在一个新的十字路口。她一直梦想从事人道援助与国际发展工作。但杰米和我作为她的导师和朋友，建议她考虑先走另一条路径：管理咨询。因为我们相信，要想未来产生更大的影响力，她需要打下扎实的战略思维与领导力基础。她拥有一颗为他人奉献的心，但也需要先夯实工作能力。

对袁同学来说，这无疑是个巨大的挑战。她在大学期间从未上过一堂商业课，对会计、数据分析或企业战略一无所知。这对她来说完全是一个陌生的领域。但她没有退缩，而是立即投入准备咨询行业的案例面试中：参加线上培训，学习经典的分析框架，与全球申请者反复模拟演练。几个月后，她拿下了全球知名管理咨询公司之一贝恩公司的录用通知书。

之后，她进入全球知名商学院——宾夕法尼亚大学沃顿商学院攻读工商管理硕士，并回归初心，加入美国红十字会。她从数千名申请者中脱颖而出，成为仅有的三位被选中参与轮岗领导力项目的候选人之一。

袁同学的人生旅程中充满了果敢的选择：无论是飞往伊朗深入一线进行人道援助，还是在本科期间休学一年奔赴澳大利亚加入一个处于成长期的小型创业团队，抑或是零商业背景闯入竞争激烈的咨询行业，她始终选择了冒险而非安逸、挑战而非常规。

然而，不是每一个学生都像袁同学这样敢于拥抱风险和不确定性。在指导学生的过程中，我发现一些学生的风险偏好令人担忧。同样的风险厌恶在大大小小的决定中反复出现——无论是"我的微积分不够好，万一挂科了怎么办？"或"我是应该专注于尽可能取得好的成绩，还是应该把时间花在真正能产生影响的项目上？"，还是"探索地质学风险太大，我应该选择法律或医学"。

大多数情况下，学生之所以倾向于更稳妥的选择，并不一定是因为他们不想要更多，而是因为安全的道路是熟悉的，以及"其他人都这么选"。他们相信，只要选择了对的道路，就会得到可预见的结果。

但是，我每天都能看到一个明显的悖论：那些对不同的发展路径犹豫不决的学生却总期待收获与众不同的结果。他们希望进入知名学府，找到高薪的工作，并获得超越同龄人的职业成就。他们想跻身前 1% 的精英行列，却只敢走 99% 的人走的常规道路。

如果你做的事情与其他人一样，要如何在竞争中脱颖而出呢？其实很简单，**如果你想取得非凡的成果，你就需要采取非凡的方法。按部就班或许能让你有所收获，但很难让你出类拔萃。**

有趣的是，束缚学生的并不是他们自己。我曾多次看到这样的情况：父母有时比孩子更害怕风险，甚至直接将孩子的想法扼杀在摇篮里。在他们看来，稳定才是正道，任何偏离传统轨道的东西都可能是潜在的威胁。当学生主动去尝试不同的东西时，家长往往是第一个出来阻止的。

我记得以前指导过一位来自北京的学生，他思维敏锐，有干劲，有抱负。刚开始，我直截了当地对他说："你是个典型的好学生，成绩优秀，课外活动也很丰富，但你还有很多潜力有待挖掘。你需要找到更有趣、更与众不同的个人优势。"他具备所有获得成功所必需的要素，但在众多成绩优异的学生中，光靠基础扎实是不够的，他还需要一些真正让他与众不同的闪光点。

幸好，他乐于接受，愿意承担一些风险，去尝试不同的方法。我们根据他的兴趣、价值观以及对他来说真正重要的东西，集思广益，提出了很多可行的建议。在中国家庭长大的他一直被灌输这样的思想：粒粒皆辛苦。粮食是农民辛勤劳动、奉献的产物，因此我们要珍惜粮食。在美国，他却发现浪费粮食的现象随处可见。在洛杉矶的富人区，人们可以吃到有机、高端的美食，食物的丰富程度令人难以置信。与此同时，在几千米之外，无家可归的人却在为寻找下一顿饭而挣扎。他目睹了这个差距，想为此做点什么。于是他发起了一项倡议，希望将多余的食物重新分配给有需要的人，而不是扔掉。他从一开始就全力以赴，不断给我发信息，和我讨论业务战略、组织工作和发展计划。"下一步我该怎么做？""如何扩大规模？""怎样才能让我的'发布日'大放异彩？"他乐此不疲，大胆尝试。

然而，他的父母有些坐不住了。每隔几周，我就会收到他的母亲发来的焦虑短信。"他在这个项目上花的时间太多了。他的成绩可能会受到影响。他的功课落后了。这真的值得吗？"每次我都会宽慰这位母亲："这样真正有影响力的实践型课题很重要，也很有意义。孩子对这件事充满热情，值得支持。"这些话会管用一段时间，但很快，他的母亲又会继续陷入怀疑。

幸运的是，这位学生坚持了下来，他用行动证明了自己，他没有受到外界声音的影响。后来他的母亲也想通了，尤其是看到儿子的成绩没有下滑，项目也蒸蒸日上。最后他顺利收到了心仪院校的录取通知书。

如果你想取得真正与众不同的成就，就可能需要全身心地投入别人不愿做的事情中。如果你听从每一个犹豫不决的声音，或者屈服于恐惧，你就很难从芸芸众生中脱颖而出。如果我最初听了父亲的话，让他的恐惧左右了我的选择，我就不可能做我今天所做的事情，我的生活也会完全不同。我们要明确一点：我并不是要求学生忽视父母的担忧，毕竟他们的担忧是出于爱。归根结底，如果你内心深处知道自己在做正确的事情，你就必须保持清醒的头脑，勇往直前。

除了外部影响，有时对承担风险的恐惧也来自内心。丹尼尔·卡尼曼（Daniel Kahneman）和阿莫斯·特沃斯基（Amos Tversky）的"展望理论"（prospect theory，见图 3-1）也许能够解释这种内心的恐惧。在这一获得诺贝尔奖的研究中，卡尼曼和特沃斯基发现，人们经历失去的痛苦是获得的快乐的两倍。例如，失去 10 万元的感觉比获得 10 万美元的感觉要强烈得多。因此，人们倾向于避免可能导

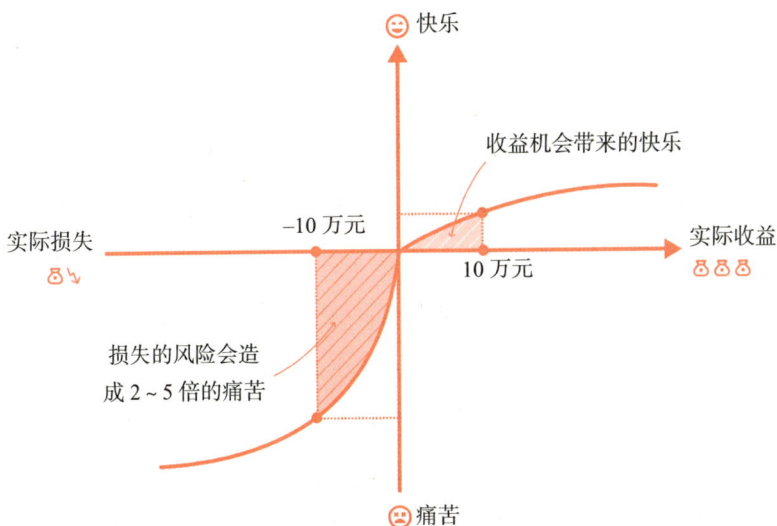

图 3-1 展望理论示意图

致损失的风险，即使潜在收益同等甚至更大。卡尼曼和特沃斯基将这种现象称为"损失厌恶"，即人们对损失的感受大于同等收益的感受。此外，人们往往高估确定性，害怕模糊性。在一个确定但潜力较小的收益与一个潜力较大但不确定的收益之间，大多数人会选择确定的选项，即使风险选择的预期价值更高。

对学生来说，这意味着害怕成绩不好，害怕尝试不熟悉的语言、运动或乐器，害怕被竞争激烈的项目拒之门外。一个学生犹豫是否要申请一份具有挑战性的实习，可能并不是因为他缺乏技能，而是担心会一事无成。同样，一个回避具有挑战性数学课程的学生可能并非没有能力，而是因为相比于增长智力的机会，他对"做不好"更敏感。这种"失"与"得"之间的不对称让许多学生选择"稳扎稳打"，即使冒险可能迟早会打开通向更辉煌成就的大门。

同样的心理偏差解释了为什么许多学生坚持选择稳妥的路，而不是探索新的机会。卡尼曼和特沃斯基的研究发现，个体更倾向于维持现状，而非选择改变，即使这种改变有明显的潜在好处。一个学生考虑成立一个全新的公共政策社团，但最终他因不确定性的风险大于现有社团的舒适感而放弃了这个想法。同样，许多学生之所以在放弃计算机科学和经济学等热门专业时犹豫不决，并不是因为热爱这些领域，而是因为偏离社会认可的道路感觉像是一场不必要的赌博。即使另一条道路可能会带来更大的成就感，但学生们仍害怕失去一个有保障的未来。这种恐惧在他们本应承担风险、决定自己未来的时刻强化了他们的风险规避意识。

讽刺的是，规避风险并不意味着可以避免失败。事实证明，规避风险反而可能会导致停滞不前、错失良机，最终引发另一种隐蔽的失败。就算选择确定性而非挑战性，学生也可能会发现自己会在录取或招聘中失利，或者从事自己不喜欢的工作。没有冒险的遗憾，可能比失败的遗憾更让人印象深刻。行为经济学家称这种现象为"不作为偏差"，即使作为（commission）的成功概率更高，人们也更倾向于不作为（omission）。有不作为偏差思想的人总是认为作为造成的伤害比不作为更严重。对"事与愿违"的恐惧使许多学生对保持现状的长期风险视而不见。

人们常将冒险与大胆的、全有或全无的思维跳跃相关联，比如创始人将全部身家押在一个想法上，或者学生做出与众不同的职业选择。但是我们要牢记，真正**成功的冒险行为不是鲁莽的赌博，而是经过深思熟虑的战略举措，是基于对个人优势、劣势和未来的个人信念的仔细分析，这一点很重要**。我选择创立睿深教育而不是投身投资银行，不是一时冲动，而是经过深思熟虑的决定。首先，我评估了这两条道路的相对优势。其次，睿深教育已从一个零散商业项目发展为快速成长的初创企业，拥有实际营收和强大的资金支持，这表明其具有很强的市场契合度和扩张潜力。最后，教育仍然是最具弹性的行业之一，较少受不利宏观经济趋势的影响，尤其是在新兴经济体中，教育具备长期稳定的发展前景。

亚马逊云科技（AWS）就是业内最好的例子之一。它起初只是一个大胆的想法，许多人都认为它会失败，但这家公司最终不仅改变了亚马逊的核心商业模式，还对整个技术行业产生了深远的影响。21世纪初，亚马逊以专注于在线图书销售而闻名，它从零开始建立了世界上最大的网站之一。然而，开发人员发现，网站功能更新的速度越来越慢，难度也越来越大。与此同时，杰夫·贝索斯（Jeff Bezos）和他的团队发现，企业在构建数字产品时存在根本性的低效问题：造轮子，即每家公司都在从头开始构建自己的 IT 基础架构。公司需要服务器、存储空间、数据库和计算能力，这一过程既昂贵又耗时，且需要大量的前期投资。贝索斯看到了商机：如果亚马逊建立一个云计算平台，为企业按需提供计算资源，企业无须再投资昂贵的硬件，那么会怎么样呢？

在外人看来，这种冒险简直离谱。别忘了，亚马逊是一家从网上书店转型的零售商，它究竟为什么要成为基础设施供应商呢？这个项目需要大量的前期投资，且市场需求不明朗。然而，贝索斯明白一些别人不明白的事：如果企业可以像在亚马逊上订购图书一样方便地租用计算能力，那么这将从根本上改变企业的运营方式。他愿意为这个想法承担数十亿美元的风险，因为他明白，真正的风险在于保持现状。

亚马逊云科技早期的日子并不好过。它需要数年的基础设施开发，这是前所未有的尝试，也没有现成的参考案例。团队必须说服市场相信：一家以卖书闻名的公司能够满足他们的关键 IT 需求。除了持续的资金投入，如果公司不能推出像亚马逊云科技这样的全新服务，可能会破坏市场对公司拓展电子商务以外业务能力的信任。

但贝索斯和他的团队坚持了下来，他们坚信短期的痛苦是为了长期的转变。2006 年春天，亚马逊云科技正式为企业提供存储和计算服务。起初，亚马逊云科技推广速度很慢，但很快便吸引众多公司争相使用。可口可乐、西门子、丰田汽车等公司都在亚马逊云科技上拓展了自己的业务，因为亚马逊云科技让它们无须花费巨额前期成本即可迅速扩大规模。曾经被嘲笑不切实际的云业务很快成为亚马逊非常赚钱的部门。2024年，亚马逊云科技的营业利润为398亿美元，是公司其他部门营业利润的两倍多；营收达到1076亿美元（假如它是一家独立企业，它可以轻松跨进《财富》500强榜单的前100名）。

亚马逊云科技带给学生们的启示是显而易见的。首先，真正的创新敢于打破常规。当贝索斯提出云计算平台的想法时，许多人认为IT基础架构必须从内部构建。如果在学业、职业选择和机会方面只走"安全"路线，就会错失真正创新的机会。其次，巨大的风险往往需要以短期牺牲换取长期收益。亚马逊在开展云业务初期耗费了数十亿美元，才得到一丝回报。同样，学生可能会绕过困难的课程，只参加熟悉的课外活动。但正如亚马逊忍受短期亏损拓展了一个变革性的业务一样，学生要想培养真正有价值的技能，就必须愿意努力去克服挑战。最重要的是，亚马逊云科技的故事证明，较大的风险往往是不作为。如果亚马逊寻求稳妥，只专注于电子商务，那么它可能仍然只是一家零售公司，为微薄利润挣扎，甚至有一天会像雅虎被谷歌取代一样，在激烈的市场竞争中被淘汰。相反，主动迎接风险，让亚马逊成为全球科技巨头。对学生而言，待在舒适区是很安全的，但这可能意味着错失变革的机会。

承担风险可以带来丰厚的收益，但这是否意味着人们规避风险就是错的？绝对不是。问题在于——我们的大脑厌恶风险！风险厌恶不仅仅是人性的怪癖，更是人类生存本能之一，它影响着我们的决策，从日常的选择到改变命运的决定。我在斯坦福大学的微观经济学教授安迪·斯克尔兹帕茨（Andy Skrzypacz）通过效用函数揭示了风险偏好规律：人们倾向于选择更有把握的事情而不是赌博，即使赌博的预期收益更高。正如本章前面提到的，卡尼曼和特沃斯基等心理学家提出了损失厌恶（损失带来的痛苦是同等收益带来的痛苦的两倍）和概率加权等概念，解释了为什么人们倾向于高估小风险而低估大风险。神经科学也证明了这一点。研究表明，损失厌恶深深植根于人类的神经回路中，尤其是在处理奖惩的腹侧纹状体等区域。2010 年，《神经科学杂志》上的一项研究发现，大脑中负责处理情绪的杏仁核对不确定情况的反应比对已知风险的反应更强烈。

那么，如果损失厌恶已经融入基因，学生该如何学会摆脱这种倾向呢？他们怎样才能训练自己去拥抱不确定性，承担那种能带来成长、机遇和成功的风险？答案不是忽视恐惧，而是重塑对风险的认知——不要将风险视为威胁，而要将其视为机会。关键在于培养一种心态，将不确定性视为游乐场，而非战场。

从小事着手，利用微风险适应模型，培养风险承受能力

培养风险承受能力，首先要通过有意识地承担小风险，逐步扩大自己的舒适区。我喜欢把这称为"微风险适应"。在这个过程中，你要慢慢调整自己的状态，以应对更大的不确定性。没有人生来就对风险免疫。承担风险的能力是一种技能，需要通过时间、经验和适应逐步培养。

以美食为例，如果你从未吃过辣，直接吃正宗的川菜或者湘菜会让你难以忍受。但如果你从温和的辣度开始，慢慢增加辣度，那么你的耐受力就会增强。长跑也是一样，没有人会在第一天就开始参加马拉松比赛。从承担小风险开始，让自身逐渐适应，直到曾经看似不可能的事情变成你的第二天性（即习惯）。冒险的方式都如出一辙：今天看似可怕的事情，几年后会觉得是家常便饭，因为你已经在训练自己逐步应对不确定性了。

当你读到我的故事时，你可能会想：这个人究竟是怎么突然变得这么爱冒险的？回顾我的创业历程，其实我从未想过自己会成为一名企业家，也从未想过要像现在这样冒险。如果有人在我高中毕业时告诉我，我将来会拒绝一份在金融界享有盛誉的工作，从零开始创建一家教育公司，我肯定会觉得这是无稽之谈。但这个决定并非一时冲动——它是一个逐步接受微风险的过程，让我坦然接受越来越大的不确定性。

起初，睿深教育只是我高中毕业后为赚点零花钱而做的小副业。当我收到投资银行的录用通知时，睿深教育已经发展成为一个更具规模的企业。它不再只是一个副业，而是一项拥有实际营收、现金流、知名投资人支持，并不断发展的全球性业务。更重要的是，通过多年逐步培养风险承受能力，我越来越适应不确定性。因此，我决定拒绝投资银行的实习机会，全心投入睿深教育的发展。这是多年来冒险之旅的自然延续。我对风险的承受能力逐渐增强，以至于当我做出这个决定时，感觉自己可以应付自如，而不是手足无措。

我将培养风险承受能力的过程分成几个步骤（见表3-1）。一开始，为了把风险降到最低，我从风险较低的辅导学生考试和帮助睿深教育建立网站这样的基本工作入手。因为机会成本很低，即使失败也无妨。随着自信心的增强，我进入了低风险阶段，从临时工作过渡到有一定规律的兼职工作：有了固定的工作时间，客户群也在不断扩大。在中风险阶段，我需要承担更大的责任，工作逐渐变成了全职。于是，我从堪培拉搬到了悉尼，并减少了业余爱好和课外活动，将睿深教育的发展放在了首位。最后是高风险阶段，我必须在全心投入睿深教育和投资银行之间做出选择。那时，我已习惯接受不确定性，曾经觉得不可能做出的决定，现在觉得很自然，甚至是必然。

表 3-1 微风险适应模型

微风险适应阶段	场景一：创立睿深教育	场景二：课堂上	场景三：做学术研究	场景四：第一份工作
最低	按小时给学生提供辅导，没有什么长期的承诺	课前写下想法，暂时先不发言	广泛阅读已发表的论文和研究报告	通过阅读材料、收集数据和记下谈话要点进行准备
低	兼职工作，有更正式的日程安排	在分组讨论中提出一些问题或分享自己的看法	文献综述：写下对已阅读论文的评论和想法	在团队或部门内部与熟人举行的会议上发表意见
中	全职参与，为了创业搬去不同的城市，适应不同的生活方式	在全班面前发言，总结小组讨论结果或提出不同的观点等	次级研究：利用已有数据对一些已经探讨过的问题进行进一步探索	向公司的其他部门和更多与会者介绍情况，或提出自己的建议

（续表）

微风险 适应阶段	场景一： 创立睿深教育	场景二： 课堂上	场景三： 做学术研究	场景四： 第一份工作
高	更长期的承诺，使我有勇气拒绝令人羡慕的工作机会	敢于引导全班的讨论、推动其他同学的发言等，在课堂上展现领导力	初级研究：收集一手数据进行全新探索，或设计新的研究方法，抑或解决新的研究问题	作为主讲人在行业峰会中分享深刻见解，并以嘉宾身份加入一些圆桌会议，以树立行业内影响力

这种微风险适应模型对学生来说是一种强有力的工具。以课堂参与为例，在课堂上举手发言本身就是一种冒险，因为许多学生担心自己发言时提出的观点不够犀利而犹豫不决。如果你也有同样的疑问，为什么不尝试通过有条不紊、循序渐进的方法来解决这个问题呢？你可能会面临越来越多的风险，但随着时间的推移，你会逐渐减少焦虑。

风险最低的一步就是提前准备好想法或问题，即使你不打算将其大声说出来。写下想法将有助于你梳理自己的推论，让你感觉准备得更充分。低风险步骤是尝试举手发言并提出问题——这是最安全的参与方式之一，因为它无须表明你的个人立场。当你不是在发表意见，只是寻求更多信息时，会更容易融入课堂讨论。你可以在小组讨论中开始发言，这比在全班面前发言风险更小。

在这之后，学生可以尝试中等风险的课堂参与，如总结小组的讨论结果、提出不同的观点、质疑假设或引出新观点。这一步需要你自信起来，因为这涉及坚持自己的论点，你很可能会受到质疑或挑战。最后，进入高风险实践阶段，你需要主导讨论、推动发言或在辩论中主动出击——完全接受不确定性，并在课堂上发挥领导力。

我在哈佛大学肯尼迪学院和斯坦福商学院上课时，采用的正是这种方法。这两所学校的许多课程都包含由教授引导的学生讨论。起初，我并不习惯美国课堂上鼓励辩论和发表不同意见的氛围。但我没有强迫自己马上进行彻头彻尾的改变，而是循序渐进，从小的、可控的风险开始，逐渐增强自信心。后来，我在课堂参与的表现自然多了，不是因为我突然变得无所畏惧，而是因为我系统地训练了自己，能够忍受大胆发言带来的不适。

同样的方法适用于学术研究。在睿深教育，当我们建议学生开展学术研究项目时，许多学生会感到不知所措。他们担心自己不知道该研究什么，找不到有意义的东西，这种担心源于学生将研究视为一项巨大的、高风险的承诺。相反，利用微风险适应模型可以将研究过程分解为易于管理的步骤，从而大大降低畏难情绪。

风险最低的另一步是阅读现有的文献，了解潜在问题。就算你无法跨越这一阶段，这一步也是非常有价值的，因为你将对这一领域有更深入、更全面的了解。在低风险阶段，你要开始撰写适当的文献综述，以综合信息、整理思路，并对现有的研究做出批判性回应。这并不需要创作新的内容，只需要接触已有的知识。一旦学生感觉得心应手，他们就可以进入中风险阶段，即可通过分析现有数据对既定主题进行次级研究。在此基础上，他们会进入到更高风险的阶段，通过实验、调查或访谈，或深入挖掘未开发的数据库，使用新数据进行初级研究。他们甚至可以开始探索其他方法，解决以前尚未完全解决的问题。

同样的方法在校外也适用。当你初入职场时，可能会对在会议上做出有意义的贡献或担任领导角色而感到焦虑。你能做些什么呢？对，就是尝试使用微风险适应模型：为会议做好充分准备。你应该在会前尽可能多地阅读有关会议的资料，并记下你的想法和问题。

即使你还不打算分享这些想法，养成阐述想法的习惯也是一个良好的开端。然后，你可以将这些想法与实际讨论进行比较，从而了解自己好的一面和不足之处（通常情况下，人们会意识到自己的想法是非常正确的！）。随后，你可以在小规模团队会议上发言，或者在与会者都是熟人的部门内部发言（也就是在风险较低的环境中发言）。随着自信心的增强，你可以在跨职能会议中代表团队，与公司其他部门的人一起发言。高风险阶段的实践包括在行业峰会或圆桌会议中发言，走出公司，与更广泛的业内人士接触。最终，你可以在更有影响力的平台上发表主旨演讲并可能影响行业的发展。

无论你是想在学业、研究、创业和工作上有所成就，还是想在日常生活中取得优异成绩，都要牢记风险承受能力不是你可有可无的东西，而是你必须培养的能力。通过采用结构化的方法来应对微风险，你可以摆脱犹豫，建立信心。一旦循序渐进，风险就不会成为障碍，而会成为帮助你成长的工具。

避免为刺激而冒险：用风险与收益四象限分析你的决定

大多数情况下，冒险并不是在鲁莽跳跃和绝对安全之间做出非此即彼的选择。相反，它存在于一个风险与收益的范围内。了解特定机会在这个范围内的位置，可以帮助你做出更明智、更具战略性的选择。我喜欢下面这个简单的风险与收益四象限图（见图 3-2），它将机会划分为四个象限，每个象限代表风险和潜在收益之间的平衡。评估某项工作属于哪个象限，可以辅助你做决定，让你在有效管理风险的同时优化收益。

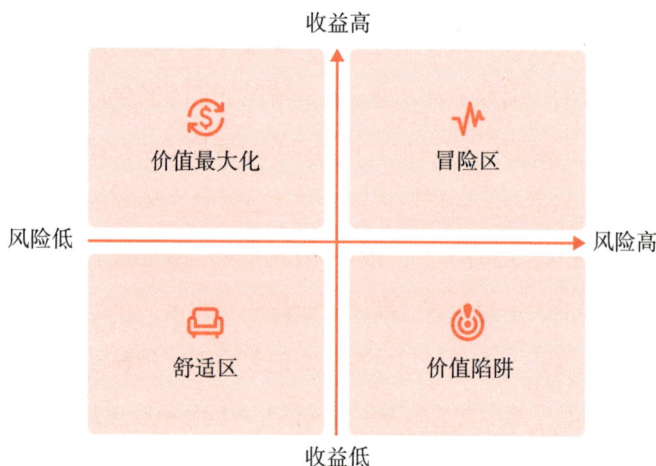

图 3-2　风险与收益四象限

第一象限是"冒险区"，特点是"高风险、高收益"。这个区域充满了大胆和野心。比如搬到一个新国家，创办一家创新性的初创企业，投资高波动性资产或转向一个全新的职业。其中潜在的上升空间很大，但失败的代价也很高。把握这些机会的关键不是规避风险，而是通过结构化风险管理、分配有限资源、规划应急措施等，确保自己有能力应对不利局面。

第二象限是"价值最大化"，特点是"低风险、高收益"。这些是潜在上升空间大但风险相对较低的黄金机会。一旦发现这些机会，就要积极争取。这些机会出现的原因可能是市场效率低下、个人竞争优势或他人尚未采取行动。这些机会短暂且宝贵，你应该利用好风险与收益之间的不对称，投入大量资源，迅速采取行动。与需要谨慎管理风险的"冒险区"不同，"价值最大化"非常适合迅速果断地采取行动。

第三象限是"舒适区"，特点是"低风险、低收益"。这是大多数人的选择：传统的学习方法或稳定的工作，都有可预见的规律和循规蹈矩的发展。它在确保你的幸福、财务稳定、技能发展和长期安全方面发挥着重要作用。但是在高增长阶段（如学生时代或职业生涯初期），你不应该让它主导你的战略。因为在这一区域停留时间太久会限制长期上升空间，导致停滞不前。

第四象限是"价值陷阱"，特点是"高风险、低收益"。落入这一象限的风险决策往往弊大于利，几乎难以带来实质收益，却伴随着巨大的潜在损失。现实中，许多人因为来自父母的压力去做自己讨厌的事情，或因维护自尊而停留在一个发展潜力较小的岗位上，抑或继续走一条不再符合自己优势或目标的职业道路。这些均属于典型的"价值陷阱"。这些风险决策往往源于外部压力、沉没成本谬误或个人自负。应对这种风险的最佳策略很简单：绝对避免！如果摆在你面前的某个决定似乎属于这个象限，那么就请你保持清醒的头脑，重新构思、调整或完全放弃它，而不是在一个失败的赌注上继续加倍下注。

我选择全身心投入创业，而不是从事投资银行工作，你认为我的选择属于哪个象限？我认为是第二象限。从风险的角度来看，我确实放弃了投资银行的高薪保障，偏离了传统的"精英"职业轨道。然而，真正的风险并没有想象中那么高。金融行业的机会不会消失——如果睿深教育没有成功，未来我随时可以重返金融行业，或者转入四大会计师事务所、管理咨询公司或传统企业任职。这扇大门依然敞开着，同时鉴于我独特的创业经历，我甚至可能成为更有竞争力的求职者。在收益方面，巨大的上升空间更让我兴奋。创业者的收入不像工资那样有上限，因为财务的收益与企业的影响力和规模直接挂钩。除了金钱，我还有机会在全球范围内改变教育方式，影响成千上万的学生。此外，我还可以管理我的个人时间、决定公司的发展方向以及塑造理想的工作文化。

最重要的是，我获得了卓尔不群的技能。我没有局限于金融行业的单一职能，而是获得了运营、软件工程、产品开发、销售和市场营销等方面的实践经验。虽然制作幻灯片和构建复杂的电子表格模型可以在一些课程中学到，但创业者的直觉不是通过读书或听播客就能培养出来的。它需要躬身入局：解决现金流问题，在招聘和解雇之间做出艰难的决定，以及在不断变化的环境中迭代产品。这种经历是大多数传统职业道路无法提供的。

一方面，根据我的评估，睿深教育并不像人们想象的那样处于第一象限，当然也没有处于第四象限（这也许是我父亲最初质疑和反对的原因）。事实上，这种商业模式有几个特点，使睿深教育比传统的初创企业更加稳定。教育行业的收入潜力基于弹性较低的需求，它不太依赖于宏观经济周期。营运资本为负的服务模式意味着前期资本投入低，财务风险可控。即使创业失败，我所拥有的技能、经验和人际关系仍有价值，并能帮助我迅速找到工作，这与真正的第一象限的风险形成了鲜明对比。在第一象限的风险中，失败往往会导致重大挫折。此外，由于全球对更好的教育机会的需求不断增长，而我正在这样一个风口上创立企业，时机恰到好处。

另一方面，我在初中毕业后决定从中国转到新西兰读书。毫无疑问，这个决定属于第一象限——风险大、结果不确定、没有明确的后路。与我后来全心投入睿深教育的决定不同，那时候我还是个孩子，独自一人移居国外，语言不通，没有家人和朋友，那是一次进入未知的冒险之旅。在经济上，这对我的父母来说是一个沉重的负担。在个人成长上，到另一个国家求学意味着我要离开家，离开我熟悉的文化。如果留在国内，不确定性就会大大减少，职业道路也会更加明确；而去新西兰，则意味着我放弃了所有的保障，踏入了一个很有可能失败的环境。如果我难以适应当地环境或学业跟不上，机会成本将是巨大的——我会陷入一个尴尬的境地，既不能向前（因为资金不足），也不能回头（因为无法参加高考）。

然而，我选择第一象限而不是第四象限的原因是，这条路潜在的收益同样巨大。我进入了一个全新的领域，可以深入了解不同的文化和制度，提高我的英语水平，建立一个更加国际化的社交网络，并为自己获得在许多国家的就业机会做好准备。这次出国为我之后的一切打下了基础，包括从进入名校、获得奖学金到后来的创业之旅。如果我留在原地，也许能取得一些成就，但我的职业道路可能会相对平庸。

这一决定凸显了第一象限风险的本质：高风险、大胆的决定，重新定义了可能性。在第二象限，你可以精心筹划，最大限度地提升收益与风险的比值。而第一象限则需要信念、应变能力以及在事与愿违时表现出的适应能力。回想起来，这是我做过的最冒险、最艰难的决定之一，但也是最重要的决定之一。

学校申请、课程设置、课外活动、项目研究、实习、竞赛、大学专业、招聘等众多机会常让学生眼花缭乱，不知所措。然而，并非所有机会都是平等的。用系统性的风险收益框架来评估这些机会，可以帮助学生做出更优决策，在管理风险时实现最大化发展。关键是要最大限度地利用第二象限的机会，有选择地利用第一象限的机会，尽量减少第三象限的机会以保持稳定，完全避免第四象限的出现。

在任何时候，第二象限都应是重中之重。这些机会具有不对称性，其上行收益大于下行风险。通过持续地在这一范围内开展活动，学生可以加快个人和专业发展，而无须承担过多的风险。例如，与一位愿意指导你的历史老师一起做研究，可以让你获得宝贵的学术经验，甚至可能在高中生历史研究期刊《康科德评论》上发表文章，而不必承担从头开始独自摸索一切的压力。同样地，报名参加校友导师计划，你只需投入少量时间，就能在人际交往和接受职业指导方面获益匪浅。康莱德挑战赛、微软"想象杯"、"地球奖"和《纽约时报》写作比赛等学术竞赛也属于这一类，它们提供认可和学习经验，即使你最终没有获得最高奖项，也不会有真正的损失。从参加澳大利亚数学竞赛和国际化学竞赛，到后来的新西兰经济学竞赛以及美联储银行挑战赛，我在竞赛的过程中有赢有输，但每一次冒险都很值得。第二象限的另一个例子是攻读互补的双专业，形成独特的技能组合，如宾夕法尼亚大学的"亨茨曼国际研究与商业"双学位项目和加州大学伯克利分校的"管理、创业与科技"双学位项目，或是我自己在哈佛大学肯尼迪学院攻读公共管理硕士和在斯坦福商学院攻读工商管理硕士的联合学位项目。类似这些机会既能提升学生的技能并拓展职业前景，又不会带来过多的风险。

第二象限的机会虽然唾手可得，但它们不会一直出现。学生应有策略地追求第一象限的机会，这些机会虽然风险大，但收益也高。这些决定往往需要大量的时间、精力和资源，因此学生应专注于第一象限的一到两个机会。例如利用暑假举办模拟法庭活动以弥补这一领域的经验不足，这可能是一个高风险、高收益的举措，因为这件事需要领导力和吸引参与者的能力。这样的尝试不容易成功，但这种经历很宝贵。由于第一象限的机会是资源密集型的，且本身具有不确定性，因此学生应该有策略地加以利用，而不是鲁莽行事。

同时，学生必须认识到，第三象限虽然是一个重要的基础，但不应主导他们的战略。这些都是安全、常规的机会，能提供稳定性，但竞争优势不大。以 4.0 的平均绩点完成普通难度课程，以及学习钢琴或小提琴这类常见的乐器，已经很难使学生在当今的竞争中脱颖而出。同样，学生加入校内已有的社团有助于社交和增强专业知识，但跟自己创建社团相比，缺乏实质上的影响。参加海外游学项目可以拓展学生的世界观，但除非与其他经历相结合（如具有持续影响力的、有意义的社会创业活动），否则仍然是相对低风险、低收益的活动。第三象限的机会也很重要，但学生应确保他们不会在收益较低的活动上花费太多时间。

学生面临的一大陷阱可能是陷入第四象限：表面上看起来很有价值的机会，但最终收益很低。许多学生盲目地增加不相关课程、参加一些老套的竞赛和夏令营，以为会给招生官或雇主留下深刻印象。而实际上，学生会因此消耗精力，甚至成绩下降。纯粹为了丰富简历而追求一些听起来很高大上的机会是很有诱惑力的，但如果学生没有真正的热情或进行统筹规划，这些经历实际上并不会为他们的竞争带来任何价值。

为了有效应用这一框架，学生们应该像经验丰富的投资者一样，采取投资组合的方法，即结合第一、第二象限的机会，同时注意尽量减少第三象限的机会，并主动避免第四象限的机会。这种投资组合的构成应根据人生阶段的变化而变化：在学生时代和职业初期，你可以承担更多的第一象限风险；如果事与愿违，你有更多的空间来调整和恢复。随着年龄的增长，你的关注点应逐渐转向第二象限，即最大限度地利用低风险、高收益的机会。

对学生而言，学习和职业生涯的平庸或卓越往往取决于他们如何管理风险和收益。较好的机会是"不对称赌注"。通过微风险适应、风险与收益两种模型，学生可以循序渐进，做出更明智的选择，有效地确定努力的优先次序，并解锁加速成长的机会。

个人品质

Execution

执行能力

目标拓展

飞轮第二动力

——执行能力

创业型学生需要将个人品质转化为执行力。把梦想拆解成具体目标：树立个人愿景，用公开承诺来督促自己，把枯燥任务变成闯关游戏。学会管理时间和精力，拒绝"差不多就行"，用每一次认真行动为未来铺路。

第四章

实干力
言行一致和坚持不懈

如何通过三年不间断的城际夜间巴士之旅，
将自律变为习惯，加速个人成长

  随着我在新西兰的高中生活逐渐展开，经济压力也开始显现。虽然学费和寄宿费已包含在父母支付的留学费用里，但各种额外开支接踵而至：校服、运动队报名费，甚至是经济课要求购买的在线学习网站登录账号。这些看似微不足道的费用累积起来，让我不得不找一份兼职工作。

  幸运的是，我的国际学生签证允许我每周最多工作 20 小时。学校附近有几家快餐连锁店（如肯德基、赛百味、麦当劳和汉堡王），还有几家小型咖啡馆和超市。我拿着精心排版的简历，开始寻找我的第一份工作。

  我在网上向所有连锁品牌投了简历，也在线下找了些小店。我原本以为找工作的过程会很简单：提交申请、等待电话通知、参加面试、找到工作。但几个星期过去了，依旧杳无音信。我打电话跟进，得到的答复总是差不多：要么是"我们现在不招人"，要么是

"我们会保留你的简历，有空缺再联系你"。然而，电话从未响起。

这也在情理之中。毕竟我是一个初来乍到的留学生，英语磕磕巴巴，没有任何工作经验。麦当劳或赛百味的经理为什么要选择我，而不是那些母语流利、土生土长的本地中学生？没想到找一份兼职工作，也远比想象中要难得多。

一天会计课上，我坐在了一位吴姓同学旁边。课后聊天时，我得知他的父母也是来自国内的移民。他们经营着一家名为"龙马"的小型中餐外卖店，主打海鲜炒饭、蜜汁烧鸡和咕咾肉。

犹豫了一会儿，我问他："你爸妈考虑过多找个临时工吗？我想勤工俭学。"

吴同学很客气，说会回去问问父母。之前被那么多连锁餐厅拒绝，我想着机会虽然渺茫，但尝试一下也无妨。

几天后，吴同学带来了好消息，他父母愿意见我。我欣喜若狂。这是踏入"现实社会"的第一场求职面试。

那天晚上，我来到龙马餐厅。吴同学的父母是一对来自广东的中年夫妇，他们在厨房里接待了我，询问了我的背景、学业安排以及我是否有后厨经验。我如实相告，虽然没有经验，但我渴望学习，愿意做任何他们需要的事情。

讨论了一会儿后，吴同学的母亲看向我说："那就下周一放学后过来吧。先试用几天。"

我终于找到工作了！虽然只是一份工资微薄的体力活，工作环境还充斥着油烟，但我还是兴奋不已，毕竟这是一个新的开始。

那天晚上，我走在回家的路上，脑子里已经开始各种幻想。有了自己的工资，我就可以承担一部分生活开销，再也不必为买课本或与朋友聚餐而犹豫不决了。除了工资，这份工作还能让我与街坊邻居交流，让我对新西兰的文化和日常生活有更深入的了解。

当我顺利通过试用期并在龙马餐厅工作后，兼职很快就成了我生活的一部分。每周有三个下午，我会在下午三点半从学校回到寄宿家庭，换上工作服，然后步行 45 分钟到店里。我从下午五点开始上班，迎接晚餐高峰期，准备食材、洗碗、接听电话订单，直到晚上八点下班。作为小小的奖励，我会给自己做一个店里的鱼肉菠萝汉堡，边吃边步行近 1 小时回家。

没多久，冬天来了。

奥克兰的冬天异常严酷。这里的雨并不柔和，总是伴随着狂风怒号，即便打伞也无济于事。上班路上第一次遇到暴风雨时，我犹豫了片刻：要不要给吴同学的父母打电话请假？他们会理解的。

但转念一想，这个借口太牵强了。我已经做出了承诺，如果因为下雨就请假，那么显得太不稳重了。如果我是老板，恐怕也会不高兴。

我继续往前走，雨伞被吹得变了形，雨水拍打在我的脸上，我的衣服也被浸湿。抵达龙马餐厅时，我已浑身湿透。因为没准备多余的衣服，我在兼职的一半时间里都在瑟瑟发抖，所幸厨房里滚烫的专用油锅和炉火烘干了我的衣服。下班后，我又走进暴风雨中，踏上耗时 1 小时的回家路。时至今日，我仍然无法忘记到家后冲上热水澡的那一刻。

我刚开始考虑过坐公交上班，但单程票价要花 2.7 新西兰元，这意味着来回一趟要花去我当晚四分之一的工资。而且，新西兰的公交车并不准时，稍有延误就可能导致我迟到，因此我不愿冒这个险。为了充分利用路上时间，我要么带着我的口袋笔记本，复习上面的新单词，要么反复排练第二天的课堂演讲内容。

在接下来的三年里，我从未缺席或换过一次班。即使在高中最后一年，在我全力奋战非常重要的考试时，我都会准时到岗。

是什么让我坚持这么久的呢？

一部分是出于自我责任感。我觉得要对吴同学的父母负责，因为他们在我穷途末路的时候给了我机会。但更重要的是，我在不知不觉中锻炼了习惯养成和坚持不懈的能力，这对我日后的学业和职业生涯都非常重要。

在心理学和行为科学中，一致性是习惯养成的核心要素。詹姆斯·克利尔（James Clear）在《掌控习惯：如何养成好习惯并戒除坏习惯》（*Atomic Habits: An Easy & Proven Way to Build Good Habits & Break Bad Ones*）一书中描述了重复行动的复合效应：**每天看似微不足道的小选择最终会塑造长期的结果（见图 4-1）。开始时困难重重、由意志力驱动的行动最终会变成一种习惯，不再需要刻意努力。**克利尔强调，习惯是自我提升的复利。每一次重复都会强化身份和行为，让未来的行动变得更容易。第一次在暴雨中前行，或在筋疲力尽的时候工作时，我无疑是痛苦的。到了第五次，这已在我意料之中。到了第二十次，我对此已毫不在意。到了第五十次，它已经成为我日常工作的一部分。克利尔有这样一个精辟的观点："你的每一次行动都会让你离希望成为的人更近一步。"每当我忍受不适，我都在自我强化——我是一个不轻言放弃的人。

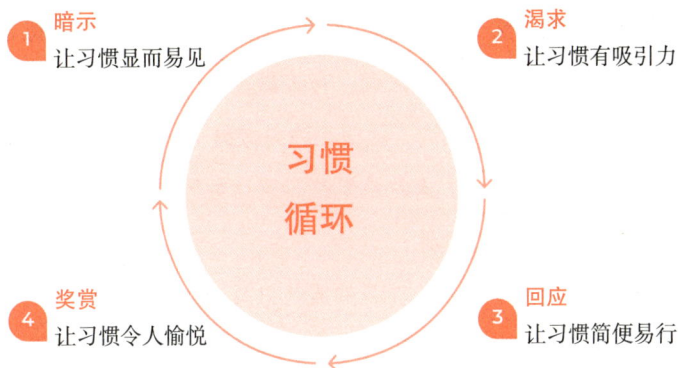

图 4-1 习惯循环

成功并非来自一次巨大的努力，而是源于日复一日的小行动。许多人期望在采取行动之前就有动力，但行动往往先于动力。我在雨中走得越多，犹豫次数就越少。我越是拖着疲惫的身体去上班，工作反而越轻松。我从不等待动力的降临，而是通过行动积累势能。

同样，创业思维和在学校或工作中的出色表现也并非来自偶然的灵感闪现或天才时刻，而是源于长期的努力和严于律己，并最终在我们的生活中建立起高度的一致性。如果你能在寒冷的夜里穿越风雨，那么未来再遇到很多困难，你也能撑过去。

你是否觉得这些说起来容易，做起来难？

我遇到的许多学生都在为坚持自己的承诺而苦苦挣扎。我经常看到他们满怀激情地开始学一门乐器，但两周后新鲜感消退，便彻底放弃；还有一些学生在运动上设定了目标，比如暑假认真训练以便开学加入篮球校队，但后来因失去动力而不了了之。

有些人认为这些行为是典型的拖延症，但在我看来，真正的症结在于缺乏毅力。许多学生清楚地知道自己需要做什么、为什么要做以及如何去做。然而出于各种原因，他们根本无法长期坚持。认知与行动之间，想法与执行之间，存在着巨大的鸿沟，而真正的挑战就在于如何跨越这一鸿沟。即使在动力减退、进展缓慢的情况下，也要有向前推进的能力，这就是最终实现指数级成长的人与始终停滞不前的人之间的极大区别。

这样的学生并不少见。在我的成长过程中，经常听到朋友提出雄心勃勃的"新年计划"。有人发誓要更勤奋地去健身房锻炼，有人则决心在新学期多拿 A 等成绩。人们渴望培养新的积极习惯，这并不奇怪。这其实是一种"新起点效应"——当迎来一个有意义的时间节点，比如新年、生日、新学期开学，甚至一周的第一天时，人们更有可能朝着目标采取行动。这些"新的开始"是一种心理重置，给人焕然一新的感觉，从而增强动力，促进目标设定。

听起来很令人振奋，对吗？其实未必。

虽然"新起点效应"确实能激发人们改变的动力，但这种动力往往转瞬即逝。起初迸发出的激情（一些学者称之为"蜜月期"）会在事情变得困难时迅速消退。每年 1 月人满为患的健身房，到了 2 月便门庭冷落。在学期初立志要更加自律的学生，很快又回归拖延的老路。这种模式在生活的方方面面不断上演：改变带来的兴奋让位于坚持努力的挑战，尽管许多人的初心是好的，但最终还是回到了旧习惯。

这种模式揭示了一个重要的事实：激情和意志力都是有限的，

依靠它们来维持长期的行为改变并非上策。学生应该避免掉入"新起点"的陷阱，因为真正的进步不是来自偶尔的爆发式努力，而是建立可以持续执行的系统、培养可以长期坚持的习惯，让坚持变得自然而然。长期成功的关键不仅在于制定宏大的目标，而在于打造一个强化自律的环境，尽量减少阻力，让良好习惯成为默认选择。如果没有这些系统，即使是性格坚定的人，最终也难逃惰性的吞噬。

对于学生来说，这意味着要摒弃空有愿景的目标设定，并专注于可持续的行为改变。与其发誓多学习，不如制定一个固定的时间表，消除决策过程。与其承诺"定期锻炼"，不如提前准备好运动服，并将锻炼时间固定在一个时段。真正的一致性是通过系统性的自我约束而非纯粹的意志力来建立的。那些能尽早掌握这一点的人，无论在学业还是未来的职业生涯中，都将占据无可撼动的优势。

通宵巴士磨炼：寻找激情和目标

高中毕业的那个月，我与两位新西兰朋友共同创办了睿深教育，为新西兰的学生提供学术辅导和升学指导。作为一名刚在新西兰国会大厦从总理手上接过最高学术奖的"荣誉学者"，我利用自己的学术专长辅导低年级学生。除了讲授数百节一对一课程，我还承担了招募导师及接听家长或学生的前期咨询电话等工作。这是我第一次真正进入创业的世界，从零开始创立一份有意义的事业，这一过程让我兴奋不已。

在获得澳大利亚国立大学全额奖学金后，我动身前往堪培拉。在对人生的下一个阶段感到兴奋的同时，我也面临新的挑战——如何在保持优异学业的同时，管理并扩张一家高速成长的企业。在澳大利亚成立分公司，是睿深教育首次打入国际市场的行动，因此我们必须在市场上站稳脚跟。

堪培拉作为澳大利亚的首都，拥有以严谨学术氛围著称的澳大利亚国立大学。但 2014 年堪培拉的人口不足 40 万人，当地的商业机会远没有悉尼和墨尔本丰富。很快我就意识到，如果想在澳大利亚迅速扩大睿深教育的规模，我必须搬去悉尼。为了不影响学业，我需要想出一套可以让我高效兼顾学业和创业的方案。

悉尼和堪培拉相距约 300 千米，乘坐城际巴士大约需要 4 小时，因此我无法每周在两座城市间穿梭太多次。于是，我选课时优先选择有线上直播的课程，并将线下的部分集中在一两天内。这样我就不用浪费几天时间来回奔波，可以在每个城市花更多时间专注于学业或工作。

在上课的日子里，我会凌晨 4 点在悉尼起床前往中央车站，然后登上开往堪培拉的巴士。上午 8 点左右到达堪培拉后，直奔第一堂课。我一整天都是马不停蹄地连续上课，直到下午六七点。吃点东西后，我就去澳大利亚国立大学图书馆写作业，直到傍晚。之后，我不会在堪培拉过夜，而是搭乘午夜的末班巴士返回悉尼，利用这 4 小时的车程好好睡一觉。凌晨 4 点左右回到悉尼中央车站，步行回公寓，睡上几个小时，天亮后再继续投入工作。

这样高强度的日程安排，我坚持了三年多，直到获得两个本科学位的那一天。

我在最初的几个星期感觉很新奇，说实话还有些兴奋，但随着时间推移，维持这种生活方式变得越来越困难。在隆冬时节的凌晨 4 点起床，顶着悉尼清晨的寒风去赶城际巴士，或者好不容易在巴士上打个盹儿，却在休息站被突然叫醒，这些都极大地考验我的毅力和决心。疲惫是真实的，但支撑我坚持下去的，是一句简单的信念。

作为一名篮球迷，我一直钦佩科比·布莱恩特（Kobe Bryant）。他非常有名的一句话是："你见过凌晨 4 点的洛杉矶吗？我经常看到它，因为那是我开始训练的时间。"这句话在中国热爱篮球的朋友中广为流传，也深深触动着我。如果科比都能在凌晨 4 点起床投入训练，那么我也一定能忍受几年的长途往返，去追求我的学业和创业梦想。在每次凌晨 4 点看到悉尼时，我都会想起科比的这句话，微微一笑，告诉自己：这条路，你走对了。

我开始思考，究竟是什么让我如此坚定地走在这条路上。如果有人在我创业之前问我能否保持这种生活和工作强度（在长途通勤、严苛学业和创业之间找到平衡），我可能会迟疑。但回过头来看，我意识到，除了坚持，另一个重要的驱动力就是激情。我并不是在机械地完成任务，也不是为了得到外界的肯定。我是在为自己创造未来，为深深的使命感而努力。

我的内在动力来自两个基本信念。其一，是我们的愿景——帮助学生拓宽视野。在澳大利亚和新西兰，没有一家像睿深教育这样的公司，能真正帮助学生跳出本地高等教育体系，看到更广阔的世界。大多数学生之所以只关注墨尔本大学或悉尼大学等本土院校，这并不是因为他们缺乏雄心壮志，而是因为他们根本不知道还有其他选择。一旦他们真正了解到全球的教育机会，很多人就会渴望追求更高的目标，但他们缺乏对这些选择的初步了解。

即使是那些了解美、英等国知名大学教育机会的学生，他们在申请过程中也几乎得不到支持。在澳大利亚和新西兰，校内的升学指导和职业顾问往往由身兼数职的老师们负责，他们大多没有接受过海外申请方面的培训，也没有帮助学生进入美、英等国知名大学的实践经验。这些院校的申请流程，与澳大利亚和新西兰基于成绩的直接录取制度有着本质区别，信息鸿沟巨大，却很少有人能填补。这一现实让我们的使命显得尤为迫切。

其二，创业过程本身激发了我的决心。在之前投资银行的工作中，我只是一个处理技术任务的小齿轮，没有清晰的大局观。而作为创业者，情况完全不一样。每天，我都不得不进行战略思考，做出诸如招聘和解雇等利害攸关的决定，同时应对运营、会计和法律方面的挑战。我以前所未有的速度学习，掌握了许多我在传统职业道路上从未接触过的技能。

正是这些内在的动力，让我半夜从床上爬起来赶班车。我深知自己在做一件对自己真正重要的事情。我在辅导学生时，常问他们一个类似的问题：对你来说重要的是什么？

提出这个问题的人不只我一个。在斯坦福商学院，有一个著名的申请文书题目："什么对你来说是重要的，为什么？"斯坦福大学希望申请人深入思考并"发自内心地写作"。申请人需要思考他们选择的专业为何如此重要，以及是什么人、见解或经历塑造了他们的认知。与斯坦福大学类似，世界名校和雇主除了评估候选人的基本表现和成就，更看重那些具备强烈内在驱动力，并渴望创造具体而有意义价值的人。

当我在与新生第一次交流中问到这个问题时，他们往往会感到措手不及："等等，我们不是来讨论如何进入世界名校，或怎样提高成绩，或制订暑期计划的吗？"他们一开始并不理解这个看似抽象问题的重要性。然而，在深入执行具体的升学策略之前，他们必须明确回答这个问题。

如果没有植根于目标的持续内在动力，那么任何人都难以支撑起通往卓越所需的长期努力。在斯坦福大学攻读工商管理硕士的第一学期，我学习了自我决定理论。该理论指出，由个人意义和内在价值驱动的动机，远比依赖成绩或薪水等外部奖励的外在动机更具有可持续性。那些基于内在动机设定目标的人，因热爱某个领域、对某个问题充满好奇，或者受到使命感的驱使，更有可能在面对困难时坚持到底，并坚持长期的承诺。相反，如果一个人的动力主要依赖于外部因素，那么他往往会在时间的推移中丧失热情，这样容易导致身心透支，或者在失去外部助力时迷失方向。

根据我的经验，几乎所有成功被世界名校录取，或进入高盛、黑石或麦肯锡等一线公司的学生，都能清晰地表达出自己成就背后的愿景。他们的动机显然植根于更深层次的知识或社会抱负。例如，有些学生的动机是解决气候变化问题，并在国际科学与工程大奖赛（ISEF）的舞台上积极参与可持续能源研究；有些学生则对政府如何监管网络安全等前沿领域充满兴趣，他们通过乔治城大学的暑期课程提升自己的公共政策水平；有些学生对揭开第二次世界大战历史问题的谜底着迷，希望通过在《康科德评论》上发表论文，增进人们对地缘政治变迁的理解。

不要打破良性循环：小小的放弃有可能是滑向深渊的开始

当我们找到自己真正热爱的事情，并通过持续行动步入正轨时，保持这种节奏可谓至关重要。这种良性循环需要数月甚至数年的时间来培养，但打破它只在一瞬间。正因如此，我给自己定了一条简单的规则：一旦做出承诺，就不轻易放弃。为什么呢？因为哪怕是破例一次，都可能迅速陷入放弃的恶性循环。

记得我申请斯坦福大学商学院的那段时间，恰好也是在睿深教育创业最忙的时候。我必须在高强度的工作和准备申请材料间找到平衡。尽管日程排得满满当当，我还是挤出时间，确保一切都在掌控之中。

在截止日期的前一天，我在晚餐时遇到了一位斯坦福大学毕业的朋友。他问我的申请进展如何，我说："一切顺利！我已经完成了要求提交的两篇文书，拿到了推荐信，简历和成绩单之类的材料也基本准备好了。"

他问："那你的个人影响力文书写了什么内容？"

我愣住了，停下筷子，"等等，什么影响力文书？"

他的反应让我立刻意识到自己可能漏掉了重要环节。他解释说："是的，你还需要写三篇文书，分别谈谈你对周围人或社区的积极影响和贡献。虽然它不是必写的材料，但我和很多同学当年都提交了。"

我顿时心头一紧，立刻打开电脑，登录在线申请系统。我已完成主文书界面的两篇必写论文，但当我仔细检查界面时，才发现可选的补充文书题被隐藏在另一个界面里，与主文书界面完全分开。

难怪我一直没注意到,那个界面上只有一个不起眼的小文本框,最多可以提交三篇 200 字左右的回答。

我意识到自己遗漏了一个重要部分,一股恐慌感涌上心头。过去几周我一直专注于那两篇必写论文,甚至一度以为申请已万无一失。但就在截止日期的前一天,我才发现还有三篇我从未考虑过的补充文书。

在这所录取标准极为严苛的世界顶尖商学院眼中,这些"可选"论文实际上几乎是"必选"。如果我想提交一份极具竞争力的申请,就必须完成它们,但时间已经不多了。

朋友见我沉默不语,便提出了一个解决方案:"第一轮的截止日期是明天,你不如等第二轮再提交。"

从逻辑上讲,他说得没错。第二轮距今还有四个月时间,我将有充足的时间打磨更完善的答案。在回家路上,我沮丧不已——花了几个月精心准备的申请,竟因自己的疏忽在最后关头出了纰漏。推迟提交似乎是理性的选择。

那天晚上,我像往常一样关灯睡觉,想着干脆等到第二轮再申请。但我躺在床上辗转反侧,始终难以入眠。我无法接受这个决定,更无法接受自己即将成为一个"逃兵"。

第二天清晨,我的思绪变得更加清晰,我还是不能这样做。我已经承诺自己要在第一轮提交申请,我不想轻易违背对自己的承诺,我要对自己有个交代!

当然,脑海中还有另一个声音在低语:"仓促行事会影响你的录取概率,你没有时间好好修改文书。等待才是明智的选择。"

这个观点确实合理。但我担心，一旦妥协，我就会滑向放弃的深渊。如果我这次允许自己拖延，那下一次呢？自律不仅在于做出重大承诺，更在于即使有阻力，也要履行承诺。

我打开日历，保留了当天非常重要的会议，狠心推掉了其他安排，包括午餐。然后我给自己订了一间会议室，排除一切干扰，奋笔疾书。顶着压力，我一口气写完了三篇文书。

在第一轮申请系统关闭前不到十五分钟时，我按下了"提交"按钮。

我本以为自己会紧张甚至后悔，因为没有时间把文书里的每一个字打磨得尽善尽美。但是相反，我感受到的是彻底的释然。

我又一次履行了对自己的承诺。

是的，我犯了一个错误，一开始忽略了这些文书。但我没有以此为借口推迟计划，而是坚持了自己的原则：始终如一，坚持到底，绝不让短期的挫折影响长期的自律。这比任何一篇文章都重要得多。我又一次划定了底线，并拒绝越过它。

幸运的是，几天后，我就收到斯坦福商学院的面试邀请，这比我预想的要快得多。面试进行得很顺利，在结果正式公布的前一天中午，我接到了招生办主任的电话："你被录取了！"

在等待录取结果的那几周里，我曾无数次问自己："如果我因为这些文章而被推迟录取或被拒绝了呢？我会后悔当初的决定吗？"

奇怪的是，我发现我仍然会感到自豪。如果有机会重新选择，我还是会坚持到底。也许我的决定并不是明智的，但在那一刻，坚守承诺对我来说，比一封录取通知书更重要。我随时都可以重新申请，或选择其他院校。但如果我屈服了，放过了自己，我就对外来的妥协打开了大门。对我来说，这将是更大的损失。

听起来是不是有点极端？也许吧。

我完全认同生活需要灵活一些。接受改变和履行承诺，并不总是非此即彼的关系。有时，改变计划是更明智、更有战略意义的选择。我分享这个故事，并不是为了鼓励大家不惜一切代价死守承诺，而是为了强调一个重要的道理：无论是好习惯，还是坏习惯，习惯是会积累的。

在我指导的学生身上，我无数次看到这种模式。他们设定目标，诸如备考期末、坚持游泳训练、参加作文比赛等，但一旦遇到阻力，他们就给自己找借口，选择妥协。起初，这种放弃似乎微不足道，甚至看起来合情合理。但一旦习惯性地违背对自己的小承诺，这种模式就会不断重复，让人越来越轻易放弃。最初的放弃或许还会让人感到内疚，但久而久之，习惯成自然，责任感逐渐减弱。

这就是习惯养成的危险一面。良好习惯的一致性会带来长期的成功，而不一致性则会带来相反的结果。每一次我们合理化自己的放弃，它就越常态化。从偶尔一次的特殊情况，演变成一种固定模式，放弃最终渗透到生活的方方面面。

在那一刻，我知道我必须坚持自己的立场，这远远超出了申请学校这件事本身。我所做的选择是为了增强自制力，培养信守承诺、在压力下坚持到底的习惯。因为我清楚地意识到，如果我当时妥协了，那么接下来面对其他挑战时，也很难坚守原则。

公开你的承诺，以此提升动力并激发干劲和创造力

　　两年前，我应睿深教育加拿大团队的邀请，参加渥太华的一次线下讲座，分享申请美国大学的见解。当时，我在美国东部宾夕法尼亚州的费城，行程规划得很妥当：周六晚，飞往渥太华，经过 2 小时的航班后到达，睡个好觉；周日上午，参加讲座，傍晚再飞回来，还能赶上晚饭。这样的出差安排，对我而言早已驾轻就熟。

　　然而出发当天，一场大风暴影响了美国东北部和加拿大的交通。我接到通知：从费城起飞的航班被取消了。虽然我有些烦躁，但还不至于影响行程。下一个选择是改道纽约，搭乘从肯尼迪机场飞往渥太华的航班。我立刻订了票，匆匆赶到第三十街火车站，登上了前往纽约市的美铁列车。

　　火车行驶 40 分钟后，又一条短信跳了出来——肯尼迪机场的航班也被取消了！这时我才意识到，这场暴风雨影响的不仅仅是费城，而是整个地区，现在去纽约已毫无意义。于是，我在新泽西州的特伦顿下了火车，又搭车返回费城，回到了原点。

　　此时，合理的决定是取消这次行程。天气越来越糟，所有航班方案，包括多次中转的航班，似乎都不可行。在回程的火车上，我的团队告诉我，另一位发言人也因天气问题取消了行程。这意味着如果我也这样做，是可以被理解的。这种情况显然不是我能控制的，再多的个人努力也无法改变天气。即使我愿意冒险，这也是一场我根本赢不了的战斗。

　　然而，我又犹豫了。有 500 多人报名参加这次讲座，其中许多人打算从多伦多开车赶到渥太华参加活动，他们非常渴望听到我们

分享的一手信息。如果另一位嘉宾来不了，那么我是不是更应该想办法赶到现场呢？想到那些为了这次活动而重新安排日程的学生和家长，我愈发觉得，不应该让交通困难阻碍我的行程。

经过再三考虑，我下定决心不让这些人失望。这不仅是对个人的承诺，也是对大家的承诺。我的团队指望着我，热切的观众也等待着我的分享。这关系到上百个家庭的期待，因此我感觉我的出现更重要了。

做出决定后，我便进入了创业者解决问题的模式。如果不能乘坐飞机，唯一可行的选择就是地面交通。我在谷歌地图上快速浏览了一下，发现费城和渥太华之间的路程约 800 千米。这可不是一次短途旅行，向北跋涉至少需要 7 小时的车程，中间还不能休息。

第一个选择是我自己开车去。但当时已是深夜，这意味着我要连夜开车前往，对于安全问题和我第二天的演讲质量来说都太冒险了。因此，这个选择很快就被排除了。

于是，我开始给费城所有的出租车和班车服务公司打电话，希望能找到愿意响应这次疯狂行程的人。由于时间太晚，许多公司的电话都没打通，而那些接电话的公司员工对我的请求一笑置之。这也不能怪他们：连夜跨国，往返近 20 小时，可不是一个理智的要求。

不得已之下，我打开了手机上的优步和来福车软件。然而，这两个平台甚至无法为我加载选项，因为目的地不仅遥远，而且还在另一个国家！

就在我快要放弃的时候，一个新的计划闪现在我的脑海中——把旅程分成几段。与其尝试邀请司机接单一次跨越美加边境的行程，不如我先去一个美加边境附近的城市。我滑动着谷歌地图，尝试了锡拉丘兹和科特兰等地点，均未成功。最后，我在纽约州北部城市宾厄姆顿定位成功了。平台接单了，7 分钟后司机就到了。

可刚一上车，司机看清目的后感到难以置信，"你有没有搞错？！"他抱怨道，随即取消了这次行程。我能理解。于是我下车，开始重新寻找司机。吸取了第一次的教训，我先电话与司机协商，表示可以提供额外报酬。三次取消后，第四个司机来了。他看着我，一边震惊，一边被这个大胆的计划所吸引。"这应该是我作为优步司机以来做过的非常疯狂的事情了，"他笑着摇了摇头，"不过，我们一起拼一把。"

我们出发了。随着夜色渐深，汽车在空旷漆黑的高速公路上疾驰。我靠在副驾驶上，试图抓住宝贵的时间休息，因为我知道真正的考验还在后面。3 小时后，我们到达了宾厄姆顿。此时已过了午夜，我再次尝试打车直达渥太华。尽管我离加拿大更近了，但打车软件仍然无法处理我的跨境行程。

我站在宾厄姆顿的一家麦当劳门口，意识到最后一段路根本无法通过平台打到车。我给在加拿大的团队打了电话，还好他们还没睡，正焦急地等待着我的消息。我让他们从渥太华设法找到一辆出租车，到宾厄姆顿和渥太华之间的锡拉丘兹来接我。幸运的是，不到 15 分钟，我的团队就成功约到一辆出租车，它于凌晨 3 点离开渥太华，接上我后从宾厄姆顿一路向北。虽然时间很紧，但如果一切顺利，我们将于早上 6 点左右在锡拉丘兹的汉考克机场会合。

从那时起，计划就像电影情节一样展开了。我跳上一辆驶往锡拉丘兹的出租车，当来自渥太华出租车驶入机场到达区外的集合点时，我也刚好到达。我立刻跳上这辆开往活动会场的出租车，开始了最后一段行程。司机是个和蔼且耐心的人，他驾驶最后一程，顺利地把我带过了边境。

上午 8 点 50 分，我踏进了活动会场，此时距离讲座开始仅剩 10 分钟。这一夜，肾上腺素持续飙升，我几乎没有合眼，经历了一场马拉松式的交通接力。但当我看到我的团队和观众的那一刻，我瞬间被注入了一针强心剂。登上讲台后，我知道自己做了正确的决定。我的演讲比平时更加激情澎湃，因为我深知自己为让这次活动如期举行所付出的努力。我不仅为自己的演讲感到自豪，更为自己坚守了一个承诺感到自豪，尤其在同样的情况下，很多人都会选择放弃。

这次经历与我在逆境中坚持不懈的其他经历有何不同？我认为关键在于承诺的公开性。与那些挑战不同，这不仅仅是我个人的目标。这一次，许多期待的目光汇聚在我身上，让信守承诺有了更沉甸甸的分量。

我的团队和观众都认为我会出现在那里。这种期望不仅来自内部，也来自外部，并且是公开的。尽管我完全有正当的理由不去，而且大多数人都能理解，但我既然已经公开承诺参加这次活动，我就不能轻易放弃。

人们有一种强烈的愿望，希望自己的行为与过去的承诺保持一致，尤其是当这些承诺是公开做出的时候。当我们向他人声明我们的责任时，我们就制定了一种隐性的社会契约，强化了履行承诺的必要性。

　　从创业、健身到教育，许多领域都遵循这一原则。一个学生如果公开表示自己将参加学校的网球校队，那么他坚持训练的可能性就会远高于私下做计划的人。一个创始人如果向投资者和员工承诺他们将达到关键的里程碑，那么投资者和员工就会感到更多的责任感，这种责任感会促使创始人不惜一切代价去实现目标。

　　于我而言，承诺的公开性增强了我的责任感。在公司、同事、客户以及家人和朋友面前，我一直以可靠的形象示人。如果我告诉数百人我会出席会议，却没有出现，那感觉就像是破坏了我的形象。额外的社会压力强化了我的内在动力，推动我克服看似不可能的障碍。

　　本章的三个核心原则（寻找内在激情、拒绝妥协、公开承诺强化执行力）构成了实干家突破极限的底层逻辑。三年通宵乘坐巴士往返双城的经历教会我，真正的坚持源于与内心目标的深度连接。就像科比在凌晨 4 点的洛杉矶找到了训练的意义，我在城际夜间巴士上领悟到：当你的行动被"初心"点燃时，如何坚持的难题会迎刃而解。

　　同时，激情需要得到系统的保护。一次妥协就像打破一扇窗，会引发更多放弃的连锁反应。无论是斯坦福大学申请截止日期前夜的背水一战，还是连夜克服重重困难前往渥太华演讲的决定，都在印证一个道理：卓越不是偶然事件的结果，而是无数次拒绝打破良性循环的累积。每一个被坚守的小承诺，都是对自律能力的强化训练。

　　当我答应在数百名观众面前演讲时，这种公开承诺从个人意愿转化为外部的期待。这种改变产生了奇妙的化学反应：它把"我想做"升级为"我必须做"。就像创业者向投资者立下军令状，学生向教练公开训练计划，将承诺置于他人的注视下，相当于给自己安装了一台加速器。

找到让你甘愿凌晨 4 点起床的目标，设定不容妥协的底线标准，再用公开承诺构筑防溃堤坝。这三者的叠加，构成了知行合一的完整闭环。当内在驱动力、系统性自律和社会监督形成铁三角时，你便掌握了实干家把"不可能"变为"常规操作"的密码。

第五章

迭代力
不懈追求学术卓越，比"足够好"更好

如何通过写着新词汇、数理定律的口袋笔记本
提高学习效率，掌握新的知识点

如前所述，我刚到新西兰时，英语是我面临的一个极大挑战。我的英语水平有限，与我在全英语环境中所需要的实时流利沟通能力相差甚远。

从第一天起，我就意识到自己的这一劣势。我很难跟上课堂讨论，回答问题时发音也不标准，和同学们交流时也常常彼此听不懂对方的话。每一次社交都像一次艰难的挑战。我很清楚，如果不能迅速克服语言障碍，我的学业和社交生活都会受到很大影响。

为了走出这种困境，我为自己定下一个明确的规矩：不允许任何一个新词从我身边溜走。这不仅包括教科书或课堂材料中的词汇，还包括我在任何地方遇到的新词，如广告牌、麦片盒背面的说明或超市标签。在我看来，词汇是语言的基石，没有扎实的词汇基础，我既无法流畅地阅读基础的文章，也无法有效地写作，更无法自信地参与讨论。

但是，我怎么确保不会错过任何一个新词呢？我需要一个简单有效的系统。一天下午，我走进当地的文具店，挑选了一本最小的笔记本，尺寸为 165 毫米 × 100 毫米（与现在的苹果手机大小相当）。它足够小巧，能轻松装进口袋，随身携带十分方便。它成了我的个人"英文单词闪存盘"，记录着我遇到的每一个新单词。

每次遇到一个不熟悉的单词，我都会立刻写在笔记本上。我详细记录了以下三点：

- 单词的拼写（通过视觉帮助记忆）。
- 单词的含义（简要记录它在上下文中的用法，帮助理解其细微差别）。
- 单词的音标（从一开始就学习正确的发音，避免以后还要纠正错误口音）。

这种三要素记录法，帮助我从多个方面进行语言学习：视觉记忆、听觉强化和语境理解。我把笔记本当作"百宝箱"，每一页都装满了帮助我更好理解英语世界的钥匙。

然而，坚持记录每个新单词并不容易。阅读时，我的速度变慢了许多，因为每次遇到新单词，我都必须停下来查字典，并记录下来。每当我快进入阅读状态时，就会被一个不认识的单词打断，我的注意力也随之分散。

我在阅读中文时并不习惯如此频繁地停顿。但在继续学习的过程中，我不断提醒自己，如果今天忽略了一个新词，明天还得重新查字典；如果现在不把正确的发音牢牢记住，以后就只能浪费时间去纠正错误的发音。第一次就正确掌握的成本总是远低于忘记和重新学习的代价。

时间一久，我渐渐适应了。大脑学会了在阅读和记录之间顺畅地切换，整个过程也不再那么容易分心，而是变得有了节奏。随身携带的口袋笔记本也很快成了我的第二天性（即习惯）。它有助于我充分利用那些看似微不足道的碎片时间。我很早就意识到，我的日程安排中充满了零碎的时间，这些时间单独看起来不值一提，但加起来能为我提供强大的渐进式学习机会。

比如，我每天早晨到教室坐下后，总会有几分钟时间，等老师设置好电脑并准备好教材。在这个间隙，我会打开我的笔记本，把前一天写下的单词复习一遍。在篮球训练前等教练的时候，我会拿出笔记本快速复习几遍单词。当然，我也从不浪费去中餐店打工的通勤时间，我会在路上低声默念单词，在脑海中巩固它们的发音。

久而久之，我养成了一个习惯：每当发现自己有几分钟空闲时，我就会本能地拿出笔记本，利用这段时间提升学习效率。我没有追求那些专家推荐的复杂学习法，而是坚持这个简单而重复的习惯。

不过我必须承认，这个方法不是我想出来的。在离开中国前，我经常从老师朋友那里听到一个经验之谈："如果你把一件事重复九次，它就会成为你一生的记忆。"这个"九"看起来很具体，我后来才知道，这个说法源自德国心理学家赫尔曼·艾宾浩斯（Hermann Ebbinghaus）的研究。他在19世纪80年代的开创性记忆保持研究中，发现了遗忘曲线。

艾宾浩斯的研究表明，我们的大脑会以指数级的速度遗忘信息，除非我们主动进行强化。根据他的研究结果，如果不进行复习：

- 1 小时内，我们会遗忘近 50% 的新知识。
- 24 小时内，记忆保持率会下降到 30%。
- 如果 1 周内不进行复习，大部分知识都会被遗忘。

尽管当时我没读过艾宾浩斯的研究原文，但我记住了这个法则。我积攒了越来越多的笔记本，因为我意识到，除了英语，我还可以用相同的方法加强其他学科的学习。一开始我只有 1 本口袋笔记本，后来增加到 19 本，里面记录了数千个单词、数学定理、物理定律和化学方程式。曾经陌生的内容，已经成为我知识库的一部分。

我对学习的严格要求，不仅快速提升了我的英语能力，也为我在学业方面的游刃有余奠定了基础。但这种学习动力并不是一夜之间形成的，而是从小学就根植于我的心中，它与我的成长经历息息相关。

对我而言，学习成绩优异与否曾至关重要。从小到大，父母给我灌输的观念非常明确：只要你学习好，就能打开通往成功的大门。像我这样的学生，生活在资源有限、机会较少的内陆城市，通往成功的有效途径就是超越所有人。激烈的竞争背后是巨大的风险，而关键的硬通货就是优异的学习成绩。

我的父母每天都在强化这一信念。就像士兵保家卫国、医生治病救人一样，作为学生，我的责任就是吃透课本上的每一个知识点，克服每一个学术挑战。因此当我初到新西兰时，尽管语言障碍是我面前的第一道难关，但它从未动摇过我的雄心壮志。我拒绝让自己有限的英语能力成为阻碍，立志不仅要赶上我的同龄人，还要超越他们。

在新西兰，高中评分系统分为四个等级：卓越（最高荣誉）、优秀、达标，当然还有未达标（不及格）。刚到远极中学时，我的成绩之所以徘徊在"达标"和"未达标"之间，并不是因为我能力不够，主要是因为我无法快速吃透教材，且在时间有限的考试中，我回答问题的能力受限。

到了 11 年级后段，随着语言障碍逐渐减少，我的努力开始见效，我的成绩稳步提高。我稳稳地达到了"优秀"这一等级，感觉到自己与别人的差距正在缩小。

到了 12 年级，我的成绩迎来了飞跃。我在所有学科的表现均为"卓越"，并且开始挑战加速课程，与我所在年级中优秀的学生竞争。

到了 13 年级，我开始领跑。我选修了最多的课程，尽管新西兰没有提供美国大学预修课程考试，但我自学了七门美国大学预修课程，并为国家奖学金考试做准备。专注于学术卓越，我从一个难以掌握教材的学生，成长为新西兰全国优秀学子之一。

永无休止的绩点争论：成绩如今是否仍然重要

尽管西方教育体系强调全面发展，但优异的学业成绩仍是关键时刻的主导因素。在新西兰和澳大利亚，成绩是决定能否攻读领先学科的最终筛选标准，尤其是在医学、法律和工程学等竞争激烈的专业中，近乎完美的成绩就是通关令牌。虽然学校鼓励课外活动和领导经验，但成绩无懈可击的学生在竞争中始终占据优势。

这种情况印证了一个基本道理：学术卓越是全球硬通货，能跨越国界、社会阶层和文化。我对学业的不懈追求，使我在早期取得了一系列关键性的胜利。我不仅在高中获得了全校第一，还获得了新西兰最高奖学金。更重要的是，我获得了澳大利亚国立大学的全额奖学金，这让我在没有经济压力的情况下，最大限度地推进学业和创业事业。

然而，我在追求学术卓越的过程中也经历了一次深刻教训，它让我理解了学术信誉在职业生涯中的重要性。

大一结束时，我迫切希望能在顶级投资银行获得实习机会，为我的金融职业生涯奠定基础。我申请了很多大公司，包括高盛、摩根大通、摩根士丹利、瑞银、瑞士信贷、花旗和美林。凭借我出色的学习成绩和课外活动，我很快通过了第一轮简历筛选，获得了多家投资银行的面试机会。

随着各轮面试的进行，我顺利通过了常规的行为评估和技能考核。到了最后一轮与董事总经理面谈时，我信心十足。我以为这次谈话只是一个最终的确认过程。

面试如期开始。我们从相对简单的市场规模问题开始，接着开始讨论期权定价、估值和其他核心金融概念，这些我都做了充分准备。

然而突然间，董事总经理提了一个看似无关的问题："你上学期在学校期末考试时有没有提前交过卷？"

我愣了一下。原本以为接下来会有更多的行为评估或技能考核，甚至是脑筋急转弯，但没想到会是这样的问题。

我不明白他想问什么，但我如实回答："有啊，有几门课我提前交卷了。"

他追问道，"你为什么这么做？"

我停顿了一会儿，更想弄清楚他到底想了解什么。是在考察我的效率或自信心，还是我管理时间的能力？

我仔细思考了一会儿，解释了提前交卷的原因："有些考试比较简单，我检查完就交卷了。我觉得剩下的时间边际效益递减，于是就离开考场去做其他事了。"

我认为这个回答很有分量。毕竟，我用了一个简单的经济学原理来解释。时间就是金钱，他应该会为我的高效管理留下好印象。

然而，他没有就此打住。

听完我的回答，他又追问道："你这些考试都得了满分吗？"

我再次措手不及。当然没有。我心想，谁会总是追求满分呢？这应该不是他们的期望，对吧？毕竟不需要拿满分也能获得"HD"（High Distinction 的缩写，澳大利亚大学每门课最高的评级）。

于是，我补充道："没有，但我考得还不错。我上学期的考试成绩都获得了 HD。"

我以为这只是一个轻松的题外话，也许是为了在前几轮的技术问题之后缓和气氛。但他的神情瞬间就变了。

他的语气也随之改变，声音中带着明显的沮丧。

"你怎么能这么做？"

我惊呆了。我说错什么了吗？他生气了吗？

他恼怒地说道："这太荒唐了，这样的做法只会让人觉得你非常骄傲自满！"

我完全愣住了。我的大脑飞快地思考这一切。我在西方学了这么多年，从来没遇到过如此直言不讳、强烈的反应。

虽然感受到我的震惊，但他并没有松懈下来。

"你的成绩没有达到满分，这明显意味着你还有进步的空间。但你并没有利用额外的时间来查缺补漏，完善自己的试卷，争取拿到每一分，而是……提前交卷？当然，你拿到了高分，但这真的是你为自己设定的标准吗？只是'足够好'？"

他在斥责我，而且相当严厉。

我的心怦怦直跳。恐慌、焦虑、尴尬，一波又一波情绪向我袭来。我付出这么多努力才走到这一步，通过了这么多轮面试，现在却让面试官大发雷霆。

但我知道，我不能让事态严重下去。作为一名年轻的创业者，我以前也经历过很多高压状况。

于是我深吸了一口气，做了一件我从未在面试中做过的事。

我承认了自己的错误。

"您说得完全正确。我确实忽略了这一点，真的很无知。我曾认为，只要达到最高标准就足够了，而把剩下的时间用来做别的事情是一种明智的权衡。但我现在明白了，更上一层楼的机会就在眼前，我却没有抓住。您给我上了重要的一课。"

我停顿了一下，继续说道："我 15 岁就离开家，过去几年一直在独自摸索。直到现在，我从未有过像您刚才那样质疑我的导师。我很感激您分享的见解。如果有机会与您共事，我会非常珍惜这个学习的机会，这也将是一个全方面提升我追求卓越的机会。"

房间里的紧张气氛发生了微妙的变化。看得出来，他没想到我会是这样的反应。在那一刻，我学到了一个充满力量的道理：**真正的追求卓越不只是拿到 A 或 HD 的成绩，而是永不满足。就是要从机会中挖掘出每一丝潜能，即使感觉自己已经做得够多了。也许最重要的是，要谦虚地认识到自己还有更多需要学习的地方。**

面试结束时，我心里一点谱都没有，觉得自己大概率会被拒绝。因为我暴露出了一个明显不成熟的心态。然而，出乎我意料的是，仅仅 2 小时后，我就收到了那位董事总经理的电话，他通知我被正式录用。也许是我的可塑性和潜力弥补了当天表现的不足。

仅仅优秀是不够的。追求卓越的脚步永远不会停歇。

无论是进入世界名校、获得有竞争力的实习机会，还是在世界一流的公司工作，你的位置越高，人们对你的期望就越高。

这段经历让我想起了一些普遍现象。许多学生拼命努力考进顶级寄宿学校，但他们进入学校后就放松了警惕，学业成绩开始下滑。也有一些同学为了进入重点大学而不懈努力，但一旦进入后，他们的学术表现就停滞不前了。我也见过一些学生入选精英硕士项目后，认为平时成绩不再重要，因为还有其他"更重要"的任务要处理。但一次又一次对标准的降低，让他们在接下来的任务中也习惯了退而求其次。

为何世界名校和雇主重视学术卓越？

很多人容易把成绩看作是成绩单上的数字，但许多世界名校将学习成绩视为一个强有力的预测成功的指标，尤其在职业生涯初期。这并不是因为他们关心成绩本身，而是因为他们看中成绩背后代表的东西——职业道德、纪律、毅力和应变能力等。麦肯锡、波士顿和贝恩等知名咨询公司通常只从目标院校（该地区重点院校）招募员工，它们在评估候选人时非常重视平时成绩，因为它们认为，良好的学习成绩是持续追求卓越表现的信号。

著名心理学家安杰拉·达克沃斯（Angela Duckworth）是沃顿商学院最受欢迎的教授之一，她对毅力进行了广泛研究，将其定义为对长期目标的激情和坚持。她在《坚毅：释放激情与坚持的力量》（*Grit : The Power of Passion and Perseverance*）一书中认为，天赋不足以预测一个人的成功。相反，长期持续的努力和坚韧不拔的精神才是成功者与普通人的重大区别。她的研究表明，那些始终追求卓越而不满足于现状的人，从长远来看更可能取得更大的成就。这一点在学术领域尤为重要，因为不懈追求卓越能够带来持久的成功和未来的机遇。

这种卓越的积累效应也是招生官和雇主如此重视学习成绩的原因，因为他们需要的是那些已经形成优秀习惯的人，而不是曾经出色的人。

有些人可能不同意。例如，知名管理思想家亚当·格兰特（Adam Grant）在《纽约时报》的专栏文章中，质疑学习成绩与现实世界影响之间的相关性。这些观点普遍认为，传统学校教育奖励的是那些善于听从指令、记住事实，并在结构化环境中表现出色的学生，而这些技能并不总能转化为在快速变化、模糊不清的职业环境中取得成功的能力。他们举出了那些高中毕业时成为优秀毕业生代表的学生，却没有成为行业领军者的例子。

　　这些观点有其道理，但忽视了一个关键区别：追求卓越学业并不等同于对成绩的盲目追求。它是一种包含纪律性、求知欲和持续高水平表现承诺的心态。那些认为成绩不重要的观点往往误以为高分是以牺牲其他关键能力为代价的，但事实并非如此。那些非常成功的领导者，无论在商界、学术界还是政界，往往都有深厚的知识基础。优异的平时成绩不仅表明你有能力吸收知识，还能展示出你的结构化思维、解决问题的能力以及应对挑战的韧性。

　　我想明确一点，倡导学术卓越并不意味着鼓励那种狭隘、过度专注的生活方式——学生全年无休，每天学习 8 小时以上。如果我持有这种观点，那么这本书的意义就不存在了，因为我所教给学生的许多内容，恰恰是培养课外的创业技能、领导力和主动性。问题并不在于学术卓越与这些技能是否相互排斥，而在于它们可以相辅相成。学生们有大量的课外时间，只要合理利用，这些时间就会积少成多。优秀的学生并不一定每时每刻都在学习，他们在保持优异学业的同时，还能参加有意义的课外活动、实习，甚至自己创业。

　　还有一个重要的观点需要澄清。追求学术卓越也要保持平衡和健康。我曾遇到一些学生，他们将全部自我价值与成绩挂钩，会因为得到一个 B 等成绩而陷入绝望，仿佛"游戏结束"了。这不是我所提倡的心态。卓越的学业成绩应被视为一种长期持续的努力，而不是一两次考试的结果。每一个优秀学生，都会经历低谷，但大局观才是最重要的。你多年来坚持不懈的努力，远比任何一次考试或作业重要得多。

　　追求卓越是学生可以从成功企业家身上学到的重要品质。优异的学习成绩和精心打造的产品之间的相似之处，比大多数人想象的要多得多。正如学生需要扎实的成绩才能在学校取得成功一样，创业者需要强大的产品才能在市场上生存并占据主导地位，而他们也不能为不合格的表现找借口。在初创企业的世界里，产品不过硬意味着"游戏结束"——无论是品牌推广、人脉资源，还是资金筹集，都无法弥补产品与客户期望之间的差距。就像一个学习成绩不稳定的学生难以进入世界名校或找到竞争力强的工作一样，一个产品不合格的初创企业也难以在市场中站稳脚跟，最终可能耗尽资金，走向消亡。

一方面，在竞争激烈的市场环境中，产品质量是创业的关键。即使创始人有伟大愿景，如果他们的产品充满缺陷、缺乏差异化，也难以获得认可。就像严格的大学或企业选拔一样，市场是残酷的——客户有无穷的选择，如果产品不好，他们就会另做打算。

另一方面，成功的初创企业非常注重确保产品的卓越性。例如，硅谷的在线设计工具平台 Figma，通过提供基于浏览器的无缝设计功能，颠覆了整个行业。Figma 的首席执行官迪伦·菲尔德（Dylan Field）花费数年时间，专注于改进用户体验，确保软件流畅、易用、稳定，然后才进行市场推广。结果如何呢？Figma 成为设计师不可或缺的工具，2024 年其估值超过了 120 亿美元。如果他们满足于平庸的产品，就无法取得如此成就。

创业者通常无法为自己争取宽容。客户期望产品从诞生那一刻起就能完美无瑕，并能提供真正的价值。学生可以通过协商，争取额外的学分，或延长交材料的截止日期，而市场几乎不给创业者第二次机会。

当然，学术卓越和产品质量不是成功的唯一决定因素，但仍是衡量个人执行力的可靠指标。那些轻视卓越重要性的人，往往忽视了取得高成就的关键特质。平衡也非常重要——它不等同于平庸，而是学会如何将学术抱负与更全面、更具创业思维的个人和职业成长相结合。

不打无准备之仗

取得卓越成绩的一个重要策略，就是以最大的努力对待每一次测试，无论其规模大小。很多学生在复习课本、课堂笔记或幻灯片时，会自信地认为自己"掌握"了教材。但真正的考验往往开始于这些资料被撤走且时间紧迫之时。通常情况下，当面对用与复习资料完全相同的概念回答真实的考题时，那种"掌握"的错觉会迅速崩塌。知识的被动认知与主动应用之间的差距，正是许多学生在考试中失误的原因。

为了弥补这一差距，追求学术卓越的过程不能止步于起初的知识学习。就像职业运动员需经过内部预赛才能参加比赛一样，学生也不应在没有彻底测试自己学习成果的情况下就参加考试。有效的方法是尽可能多地做历年试卷，模拟考试环境，不断完善解题技巧，直到这些技巧变成第二天性（即习惯）。

对我来说，这种方法简单而有效。就像我坚持不让一个新单词从我身边溜走一样，我也确保在进考场前，已充分学完所有可以找到的练习资源。以美国大学预修课程微积分考试为例，大学委员会提供了 1998 年以来的问答题，这意味着我有超过 20 年的真题可以使用。我制定了从开始准备到考试当天的倒计时时间表，并计算出每天需要练习的题目数量以确保按时完成。这种严谨的做法不仅帮我熟悉了试题的考查形式，还让我更接近于掌握考试内容，提前预判出现的题目类型，并做好准备应对。

备考过程中非常关键又容易被忽视的一点，就是准确发现并解决知识漏洞。我主要关注以下两类问题：

- 答错的题目——需要对照答案立即复习，如有必要，请教老师或同学。
- 答对了但不自信的题目——如果我是猜测或依靠直觉而做对的题目，我也会标记出来，确保自己没有留下任何知识空缺，这些空缺可能会在实际考试中给我带来麻烦。不留死角！

尽管如今学生可以接触到大量的历年试卷和题库，但他们通常只利用了其中的一小部分。有些学生只做了几道模拟试题就再也不看了，有些学生甚至根本不做练习。我遇到过这样的学生，他们在参加美国的大学入学考试时，连一次完整的模拟考试都没做过。当被问及原因时，他们的回答往往是"我只是想看看考试是什么样的"，或者"下次考试我会好好复习的"。

这种"试错"方法不可取。在准备不充分的情况下参加重要考试，是对时间和资源的浪费。虽然许多大学允许学生多次参加考试，但这并不意味着学生应该在没有充分准备的情况下参加第一次考试。如果第一次考试就能取得理想成绩，就没必要参加第二次考试；如果第二次考试就能达到目标，也无须进行第三次考试。

由于准备不足而多次重考，不仅浪费报名费，还耗费了宝贵的时间。这些时间本可以用在其他有意义的学术或课外活动上（这也是许多大学明确不鼓励考生参加多次考试的原因）。此外，报名、往返考场和等待成绩等后续工作，也会带来不必要的工作和压力。

我一次又一次看到学生在考试中表现不佳，并非因为他们没有能力，而是因为他们根本没有做足够的练习。在超过 85% 的情况下，学生在标准化考试中表现不佳，其核心问题不是智力或能力低下，而是缺乏强化学习和解决问题的经验。明确地说，强化学习意味着：

- 利用你能找到的历年试卷。
- 在不同的情境下反复做相似类型的题目。
- 在限时和高压环境下应用知识。
- 诊断反复出现的错误并积极改正。

如果特斯拉上市的一款新车从未经过测试，你会驾驶它吗？绝对不会。

然而，许多学生在没有对自己的知识进行压力测试的情况下参加重要的考试，却期望关键时刻一切顺利。

"事前充分准备"在许多场景下都很重要。没有经过严格测试就推出产品，往往是灾难的根源。较好的情况是产品失败，较坏的情况是可能造成实际伤害，如危及生命、摧毁信誉等。在一款新药获得美国食品药品监督管理局（FDA）批准之前，制药公司通常会进行多年的临床试验，并准备超过 10 万页的申请文件。飞机制造商在新机型获得公众使用的认证前，要进行数万小时的飞行测试。即使是简单的食品，也要经过多重测试，达到安全标准后才能上架销售。

企业家和首席执行官们不会听天由命，因为他们知道失败的代价太高。这就是为什么他们不会等到产品发布那天再"看情况"。同样，学生可以将自己置身于一个即将推出突破性新产品的企业家的位置上。如果从未在现实条件下进行测试，那么他们怎能自信地期待成功呢？成绩优秀的学生并不只是寄希望于较好的结果，他们会不断地在模拟考试环境下反复检查自己的表现，直到完全准备好。

因为枯燥难以坚持？让学习过程趣味化

自我约束固然有助于追求卓越的学业成绩，但保持长期的高水平表现也需要一些有效的方法。无论学生多么努力，日复一日地保持优异成绩都会让人精疲力竭。因此，我一直在探索如何降低稳定输出的难度，这让学习过程不仅有效，还更有吸引力和乐趣。

回顾我学习英语的历程。在几个月的时间里，我从几乎无法理解基本对话，到能够在全英文授课的课程中表现出色，再到对英文写作产生浓厚的兴趣，最终成为一名指导老师，帮助许多学生打造他们的故事。在哈佛大学读书时，我曾有幸当选哈佛大学肯尼迪学院《学生政策评论》的编辑部主任，并开始用英文写自己的第一本书。

那我是如何加速英语学习进程的呢？使用口袋笔记本是一种方法，另一种方法是让学习过程变得更有趣。老实说，语言学习如果只是机械地进行，通常会让人感到枯燥无味。记语法规则、背单词、反复记忆，都可能非常无聊。

我很快意识到，仅靠口袋笔记本学习是不可持续的，我需要找到更具沉浸感的方式来补充我的蛮力式学习方法。我开始探索不同的方式来自然地学习语言，比如娱乐和运动。

20 年前，在中国，人们接触西方媒体的机会比较有限。美国的电视节目和好莱坞电影难得一见，因而我接触到的真实英语对话也少之又少。但在新西兰，我能够观看更多英语电影。我不再只是把英语当作一门功课，而是将它融入我的日常生活中，让生活变得更有趣。

我第一次看《生活大爆炸》时，就像走进一个全新的世界。这部美国情景喜剧讲述了四位才华横溢但不善交际的科学家——谢尔顿、莱纳德、霍华德和拉杰，在从事尖端科学工作和面对复杂人际关系时的生活。它不仅包含幽默、机智的对白，而且融入了大量的实用日常英语。剧中人物的互动，尤其是谢尔顿独特的说话方式，让我接触到了许多从未接触过的俚语、复杂词汇和有趣的表达方式。

惊喜的是，这部剧让我很有共鸣。我对科学的热爱让我更容易理解物理梗和科学笑话，而智力幽默和轻松的故事情节相结合，也让语言学习变成了娱乐，而不是苦差事。

我不再只是被动地观看节目，而是把它们当作沉浸式的学习体验。我找到了有中英文字幕的剧集，并不断对照二者，以帮助我理解不熟悉的短语。剧中人物的语速很快，且带有浓重的美国口音，于是我会在关键时刻暂停，倒回去，在笔记本上记下新的短语，然后重复播放这个片段，直到完全理解。就这样，我看完了整整十二季。在没有新剧集时，我就重看之前的剧集。不夸张地说，每一集我都至少看了三四遍，直到今天，我仍能从这部剧中获得无穷的乐趣。

不知不觉中，我的语言习惯开始发生变化。我发现自己在和朋友聊天时，会引用剧中谢尔顿和莱纳德的台词。有人甚至注意到，"等一下，这句话是不是《生活大爆炸》的台词？"可见，我已经把这部剧中的很多东西内化，它们自然而然地成了我日常英语的一部分。

这个过程的美妙之处在于，我从未将其视为传统的学习。如果让我坐在书桌前熬夜背单词，我肯定坚持不了一星期。但在周末的晚上，我被精彩的剧情深深吸引，直到凌晨 3 点强迫自己停止观看。同样，语言学习任务让我感觉毫不费力，因为这个过程充满了吸引力和乐趣。

多年后，当《生活大爆炸》的拍摄接近最后一季时，我有幸前往好莱坞的影棚观看现场录制。坐在观众席上，看着那些曾无意中成为我英语"导师"的角色们，我感到非常梦幻。我上台在演员和观众面前分享了这部剧对我的意义。对我来说，《生活大爆炸》远不只是一部情景喜剧，它更是一个强大的伙伴，帮我提升了我的语言能力，让我放松、开怀大笑，帮助我减轻压力。

我的经历再次证明了一个简单的道理：**当你享受过程时，你自然会投入更多的时间和精力。掌握任何技能的关键在于找到让它变得吸引人的方式，这样你就不再把它视为工作。乐趣越多，你就能走得越远。**

说到底，学习并不一定是孤独且艰苦的任务。你可以把它变成一次激动人心的冒险、一次合作的旅程，甚至是一场让人痴迷的游戏。例如，我对经济和商业的热情使得我与几位新西兰朋友一起开展了一个小的商业课题，目标是让学校文具更具创新性和吸引力。

我们设计了带有板擦、激光灯和其他功能的白板笔配件，大幅提升文具实用性。我们从阿里巴巴购买原材料，周末聚集在一个本地同学的车库里，自己动手制作。除了掌握基本的工程技能，我们还进行了定价、营销，探索了产品推销策略，将我们在商业课程中学到的知识运用于生活中。

同样，在学校的货币政策挑战队中，我同样收获颇丰——在讨论新西兰经济问题的过程中，我学到了更多实际的经济学原理，而不仅仅是背诵宏观经济学理论。通过参与现场辩论和制定政策应对策略，我加深了对经济学原理的理解，同时也收获了很多乐趣。为了加强我对微积分和物理的掌握，我和一群与我一样热衷于解决工程问题的朋友成立了建模队。我们一起建造桥梁模型，尝试结构设计，将复杂的数学公式应用于实际问题中。这些以项目为基础的实践性学习机会，不仅让艰深的概念变得更容易理解，还培养了我们之间的友情，让我们拥有不竭的动力。

回想起来，这些经历都是把学习变得有趣的例子。如果你发现自己在某个学习任务中挣扎，不妨问问自己：怎样才能让学习过程变得更有趣？当学习与吸引人的事物相结合时，无论是解决实际问题，还是与同伴一起挑战，学习的负担都会转变为一段有意义的体验。

本章提到了追求学术卓越的三个核心原则：明确成绩对学生的

价值、不打无准备之仗和让学习过程趣味化。学术卓越不仅是成绩单上的高分，更是你执行力的体现。那位董事总经理的质问让我明白，真正的卓越不是达到及格线后的松懈，而是将"足够好"甩在身后。无论是美国大学预修课程考试的七门满分，还是创业产品的极致打磨，世界总会把机会奖励给那些认为 85 分还有进步空间的人。

但卓越不会偶然发生，这正是"不打无准备之仗"的精髓。高效的学生都深谙此道：反复用真题模拟测试更能在考前暴露自己的真实水平。当你把每次练习都当作真正的战斗，最后的考试反而会成为非常轻松的一场演练。

持续卓越的核心推力藏在"让学习像追剧一样上瘾"的智慧里。从《生活大爆炸》的沉浸式英语学习到车库里的商业课题实践，我发现当知识获取与多巴胺分泌同步发生时，坚持就不再需要毅力。那些抱怨学习枯燥的人，只是还没找到属于自己的"剧情触发器"：可能是与同伴间的友好竞争，也可能是用谢尔顿式的幽默重构知识图谱。

用长期主义的眼光看待优异成绩的价值，像经验丰富的士兵一样仔细备战每次测试，再以开放的心态寻求学习中的乐趣。当目标感、备战力和趣味性形成共振时，追求卓越就不再是负重攀登，而会成为一场持续自我超越的精彩冒险。

第六章

掌控力
找到你的终极抗透支公式

如何利用铁人三项比赛、飞行训练、潜水和密室逃脱等
"耗时"活动节省时间，预防身心透支

我从小体质虚弱，甚至有些营养不良，进行高强度的运动我想都不敢想。童年大部分时间，我几乎都在学校和医院间往返，打针吃药成了生活常态。

四年级那年，我一直担心的事情来了，老师宣布每个人必须参加校运动会。"我一定要报名吗？"我问班主任胡老师，"我可以负责后勤，或者做其他任何事情！"我提出一些替代方案，希望能逃过一劫。

胡老师看穿了我的心思，笑了笑，但没给我任何逃避的余地，"不行，这是集体活动，每个人都要参与。你一定可以的！"

可以吗？我完全不确定。没办法，最后父母为我选了200米短跑，尽管我之前都没怎么跑过步。

比赛当天，发令枪一响，我就拼命跑。冲过终点线时，倒数第二名的同学早都跑完了。

我落后太多了。我站在那里气喘吁吁，看着同学们庆祝自己的成绩。我第一次开始怀疑：我是不是一个除了学习，其他什么都不擅长的人？

从赛场走回家的路上，父亲沉默了好一会儿。最后，他还是开口了。

"我们不能甘于现状，"父亲的语气坚定又关切，"我们得做点什么。你要像注重学业一样增强身体素质。相信我，未来你会从中受益。"

我有些怀疑。跑步和我的未来有什么关系？原来那段时间父亲在看一本身体健康如何长期影响身心健康的书。他坚信，只要我加强锻炼，我的身体就不会那么差。

父亲提议每周一起去跑步。我答应先尝试一下，但没想到第二天就要执行。

比赛后的那个周六清晨，我还在睡梦中，突然一道刺眼白光透过我的眼皮。

"方洲，走吧。该去跑步了。"父亲的声音穿透了羽绒被。

他一定在开玩笑吧！谁会在冬天天没亮的时候，起床去跑步？

"我昨天写作业写到好晚，"我含糊地说，"太累了，一会儿再跑。"

"不行，现在就去。"父亲语气坚决，不容商量。他一把掀开我的被子，冷空气瞬间将我包围，我不禁打了个寒战。

清醒过来的我特郁闷，但反抗也是徒劳。我嘟囔着穿上衣服，跟着父亲出了门。踏上人行道那一刻，冰冷的空气刺痛肺部，双腿像注了铅一样沉重。

每隔几分钟，我都会瞥一眼父亲轻松慢跑的身影，心中满是沮丧。他为什么要让我跑步？为什么会觉得在寒冷的早晨跑步对我的身体有帮助？

感觉像过了一个世纪，我再也忍不住了，"我们为什么要做这个？为什么你要让我这么难受？"

"我知道你昨天学到很晚，"他说，"我也知道学习对你很重要，但这只是你生活的一部分。"

我刚想反驳，但父亲继续说："你不能只关注你的头脑，而忽视身体健康。总有一天你会后悔的，到时候再想补救也来不及了。"

虽然不想承认，但我知道父亲说得没错。我总是生病，总是疲惫不堪，总是耗尽自己的精力。也许我应该听他的，至少试试坚持跑步。

就这样，每个周末或假期，父亲都会把我从床上拽起来去跑步。每次我都满心抗拒，我咒骂那些清晨和酸痛的肌肉，甚至嫉妒那些还在睡懒觉的朋友。几周后，我逐渐适应，曾经困扰我的疲惫感也慢慢消失了。

到了中学，我感觉自己的精力更加充沛，思维也更加清晰。我发现自己可以坚持上完一整天的课，而不会感到疲惫。曾经频繁去医院就诊的日子一去不复返，如今健康的体魄让我远离病痛。

七年级时，年度体育挑战赛再度来袭，这次我主动举手报名，还不只报了一个项目，而是一口气包揽了 800 米、1500 米和 3000 米三个比赛。

三项比赛我都获得了第一名！更有意思的是，一个本来要代表班级参加 400 米跑步的同学因为赛前身体不适，我临时成了他的替补，也拿到了第一名。同学们的欢呼还有我心中涌动的自豪感令我至今难忘。多年来我一直认为，学习时间越长，成绩越好。克服疲惫、熬夜学习也会让我更聪明，也更优秀。

而训练跑步的经历证明，事实并非如此。

我训练得越多，不仅在比赛中表现出色，课堂上的表现也有所提高，我的专注力和记忆力显著提升。我开始理解几年前父亲试图教会我的道理：如果忽视了自己的身体，那么在其他领域的成就也毫无意义。强健的体魄和敏锐的大脑同样重要。

18 岁那年，我对考验耐力的运动热情不断增加，在奥克兰挑战了人生第一次半程马拉松。那是一段疲惫却令人兴奋的经历。当我冲过终点线时，那份超越奖牌的骄傲成为我第一次正式长跑的荣誉。

大学的最后几年，同学小伍问我："你知道铁人三项 70.3 比赛吗？"我摇摇头。以前听说过铁人三项——那个以残酷的游泳、骑行和跑步组合著称的三项全能赛事，但我从未认真了解过它。

一旁的朋友小郑笑道："这不仅仅是跑半程马拉松，还是终极耐力比赛。你应该试试。"

他们的激将法勾起了我的胜负欲。好吧，为什么不试一下呢？于是我报名参加了在墨尔本南部吉朗市举行的铁人三项 70.3 比赛。这可不是一个小目标，这要完成近 2 千米的游泳、90 千米的骑行再加上 20 千米的半程马拉松。一些网上的评论说，也许你可以很久没锻炼后还能跑完半程马拉松，但很少有人能在不经过训练的情况下安全完成铁人三项 70.3 比赛。

站在吉朗铁人三项 70.3 比赛的起跑线上，我既兴奋又害怕，这是我从未经历过的挑战。

游泳一开始很混乱。习惯了泳池的安静，我在开放水域什么也看不清，几次被别的运动员踢到泳镜，导致海水进入眼睛。尽管节奏被打乱，我还是坚持了下来。上岸后，我感到松了一口气，但也已疲惫不堪。

紧接着是 90 千米的自行车骑行。刚上车，我就感到大腿后侧和臀部的肌肉的紧张和酸痛。但我咬紧牙关，调整自己的节奏，为最后的半程马拉松蓄力。

从自行车下来后的过渡阶段十分艰难，我的身体几乎动弹不得——每块肌肉都在颤抖，我每走一步都很煎熬。游泳和骑自行车已经让腿疲惫不堪，现在我还得再跑 20 千米。看着其他选手一个接一个超过我，我心跳加速，气喘吁吁。

最终，我完成了比赛。这虽不是我最好的表现，但第一次参加铁人三项就顺利完赛，对我来说意义重大。尽管赛后的两天我都无法行走，但那份自豪感和满足感超过了所有的疼痛。我将自己的身体和心灵推向了一个从未到达过的境界。我很享受这次经历，随后我报名参加了在昆士兰州凯恩斯的比赛，那里紧邻壮丽的大堡礁，风景十分优美。几个月后，刚搬到斯坦福大学不久，我又在圣克鲁斯完成了另一场比赛。

得知我参加这些比赛后，小伍和小郑震惊不已。当时他们只是因我参加过半程马拉松，才随口提了句铁人三项的事，完全没想到我竟成了发烧友。逐渐地，我对铁人三项的热爱已不再只是为了强身健体，也不再是为了证明自己并不软弱。体育运动成了我的"稳定剂"：在学业压力和睿深教育的繁重事务之间，体力的释放让我的思维更加清晰，避免了脑力透支。在我在完成费脑的优化课程作业后，跳入泳池能让我快速恢复活力；在我结束一场充满激烈辩论的产品会议后，在公园跑步和呼吸新鲜空气能让我紧绷的思维放松。反之，当我的身体因长时间训练而感到疲惫时，阅读一篇关于折中效应的消费者行为论文，又成了一次有效的大脑充电。在这种令人愉悦的循环中，我的身体和心灵相辅相成，始终保持平衡。

体育运动与学业成功之间的关联在一些研究中得到了证实。美国北卡罗来纳州立大学记录了 2 万多名本科生的生活习惯，发现加强体育锻炼与更高的平均成绩和毕业率之间具备显著相关性。由希瑟·桑德森（Heather Sanderson）博士主导的这项研究发现，每周每增加一个小时的运动时间，平均成绩可提高 0.06（满分为 4.0）。虽然这不是个天翻地覆的提升，却是一个可量化的学术优势。更值得注意的是，与不运动的学生相比，定期进行体育锻炼的学生毕业率高出 49%。通过分析学生一个学期（16 周）的行为，研究人员发现，大一新生和大二学生在增加体育活动后的学业成绩提升非常明显，这表明早期参与健身活动可能为长期的学业成功奠定基础。

运动对认知能力的提升也得到大量研究的支持。美国佐治亚大学的托姆·波洛夫斯基教授和同事兰伯恩在 2010 年的研究中回顾了多项关于急性体育活动与认知功能关系的研究。他们发现适度运动的学生，在记忆和注意力测试中的表现更佳。这与神经学的研究结果相吻合：运动能增加大脑的氧气流动，促进神经元生成（大脑细胞的生长），并提高神经连接效率。这些研究解释了为什么经常运动的学生不仅成绩更好，认知能力和耐力也更强，还能更长时间集中注意力，处理复杂信息。

运动对心理健康的积极作用同样不可忽视。2015 年发布的《全美大学生健康评估》报告指出，定期参加体育锻炼的学生，压力、焦虑和抑郁水平较低。运动能减少皮质醇（压力激素），同时增加内啡肽和血清素的释放，从而改善情绪、睡眠质量，并提高整体健康水平。这些因素间接促进了学业成功。

这些研究共同表明，体育锻炼不仅是爱好，更是学业成功的重要组成部分。那些将体育锻炼融入日常学习生活的学生，往往成绩更好、心理压力更小，并发展出能在大学以外长期受益的认知技能。

许多世界顶级首席执行官和企业家也将健身视为成功的关键支柱。他们认识到，通过锻炼获得的耐力和思维清晰度，可以直接转化为更强的领导力和决策力。维珍集团的创始人理查德·布兰森（Richard Branson）爵士就是运动提高工作效率的典范。即使在 70 多岁高龄，布兰森依然保持着积极的生活方式；他每天清晨 6 点打网球，随后洗 5 分钟的冰浴，享用一顿健康早餐，再开始几小时的专注工作，并在中午前完成 30 分钟健身；晚上则坐船出海，或打一轮网球；每周他还会挤出时间骑行 2 次。布兰森经常说，他之所以能够保持旺盛的精力，经营一个市值数十亿美元的商业帝国而不感到疲惫，正是因为他坚持健身。

布兰森对运动的看法很简单：如果不照顾好自己，就无法经营好自己的事业。在他看来，身体健康是成功的基础，而不是锦上添花。他曾公开表示，健康让他"在保持体魄的同时，还能经营维珍"，"因为我身体健康，所以一天的时间也就多了起来"。换句话说，运动并没有占用他的工作时间，而是提高了工作效率、精力和心理承受能力，为他节省了更多时间。

这一点也与大量的研究相吻合。《改变习惯，改变人生》(*Change Your Habits, Change Your Life*)一书的作者汤姆·科利（Tom Corley）研究发现，76% 白手起家的百万富翁，每天都会锻炼身体。道理与前面提到的研究类似：首席执行官和企业家必须保持极佳的精神状态，而运动可以增强认知功能、改善记忆力、减轻压力，并增强专注力。这些益处对于需要在压力下做出重大决策的领导者至关重要。

不仅仅是布兰森，许多高层管理人员也深刻认识到，忽视健康与工作之间的平衡，会导致严重的后果。例如，加拿大 LowestRates 公司（一家快速成长的初创公司，其网站允许用户免费比较加拿大 50 多家顶级供应商的金融产品费率）的联合创始人兼首席执行官贾斯汀·托因（Justin Thouin）在公司成立之初，体重增加了近 14 公斤，压力水平也直线上升。他几乎每天都会因严重的胸痛进入急诊室。这让他意识到，如果失去健康，其他一切都将分崩离析。他开始健身后，不仅改善了健康状况，还提高了公司的业绩，这也印证了个人健康与事业成功的紧密联系。Willful 公司（一家总部位于加拿大多伦多的科技公司，专注于提供在线遗嘱和遗产规划服务）的首席执行官埃琳·伯里（Erin Bury）也有同感，称运动是"应对企业经营压力的极佳良药"。她认为自己的健身习惯能提高思维清晰度，改善睡眠，提高决策能力。

身体健康是精力与专注力的基础，但它只是抗透支法则的一部分，热情和爱好同样是长期卓越的关键。许多高成就者认为，坚持不懈地追求单一目标（无论是在国际文凭课程考试中取得 45 分，还是在生物、化学等研究领域有所建树）是通往成功的较快途径。然而，高效领导者的实践经验却表明，多样化的兴趣和创造性输出反而能提升效率。微软公司前首席技术官内森·梅尔沃德（Nathan Myhrvold）就是典型例子。他在紧张的工作之余，还对烹饪充满热情。即使在成为科技行业的领军人物，与比尔·盖茨（Bill Gates）一起推动微软创新时，他对烹饪的热爱也从未消退。

在微软任职期间，梅尔沃德曾师从大厨蒂埃里·罗蒂罗（Thierry Rautureau），并成为孟菲斯世界烧烤大赛冠军的团队成员。1999 年从微软退休后，他创办了烹饪实验室（The Cooking Lab），这是一个将科学严谨性与美食创新性相结合的实验室。10 年后，他出版了极具开创性的《现代主义烹调：烹调艺术与科学》（*Modernist Cuisine : The Art and Science of Cooking*），重新定义了烹饪与科学的结合。该书获得了国际烹饪专业人员协会颁发的视觉设计最高荣誉奖，他的后续作品《现代主义面包》（*Modernist Bread*）获得了詹姆斯·比尔德烹饪书奖。他的影响力也让他在 2019 年入选了世界领先的食品广播电台的名人堂。

梅尔沃德的故事体现出他在一个领域的求知欲，这增强了他在另一个领域的专业能力。他在《现代主义烹调：烹调艺术与科学》中，就应用了他在微软作为领导者所具有的科学精准性。他并没有将自己对烹饪的热情与技术领域的职业生涯割裂开来，而是将二者视为相互促进的互补力量。这种跨界融合赋予了他全新的视角和动力。

与梅尔沃德类似，许多首席执行官和企业家也将创造性或娱乐性活动视为职业成功的推动力。培养爱好能提高认知灵活性，减轻压力，预防身心透支。英国社会心理学家、伦敦政治经济学院创始人之一格雷厄姆·沃拉斯（Graham Wallas）将此称为"酝酿效应"（见图 6-1）：当人们从紧张的工作中抽身出来，参与看似无关却能激发思维的活动时，潜意识会继续研究问题，最终促成突破性进展。

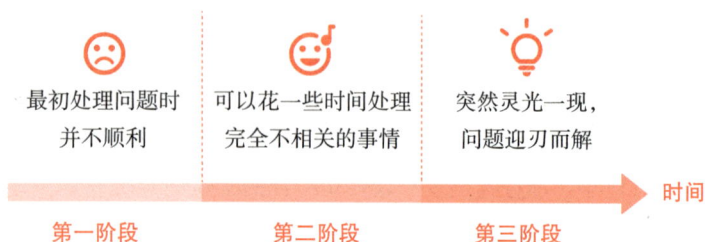

最初处理问题时 并不顺利	可以花一些时间处理 完全不相关的事情	突然灵光一现， 问题迎刃而解
第一阶段	第二阶段	第三阶段

时间

图 6-1　酝酿效应示意图

拥有一项挑战自我的爱好，能激发超越外部奖励（如成绩、录取或晋升）的内在动机。它提供了一个没有压力、可以实验的创造与成长空间，助力你在其他领域取得更大成功。对于学生和职场人士来说，在工作或学习之外有一些宣泄出口并不是奢侈品，而是必需品。它能创造平衡，防止精神透支，并使你保持长期投入。

无论是像梅尔沃德一样热衷烹饪，还是像沃伦·巴菲特（Warren Buffett）那样打桥牌，还是像大卫·所罗门（David

Solomon，高盛集团首席执行官）那样兼职做打碟，追求主业之外的兴趣并不意味着放弃成功。在这个执行力至关重要的世界里，真正的竞争优势来自那些知道何时该拼搏，何时该休息并以焕然一新的状态回归的人。那么，我们该如何找到这种平衡呢？

重新审视"酷"的定义

在指导学生时，我经常担心他们的生活过于单一。许多学生的日常生活围绕学习展开，他们偶尔参加一些课外活动，但更多是出于家长和学校的要求而非自己的热情。如果他们就读于私立学校，可能会有专门的体育、音乐或艺术课程，即便如此，选择往往是可预见的：篮球、足球、乒乓球、羽毛球、游泳、小提琴、钢琴和绘画。这些无疑都是有难度的才艺，除非在该领域出类拔萃，或者符合哈佛大学招生办公室定义的"真正不同寻常"，否则很难脱颖而出。

根本问题在于，学生不仅在活动中缺乏创意，也缺少热情。我经常让学生们想象自己在斯坦福大学的迎新午宴上，与其他10位刚被录取的学生同桌而坐，该如何自我介绍，才能让桌上的人停下手中的事，倾身过来，对他们的生活感到好奇？

事实是，许多学生在这种情境下几乎无话可说。他们缺乏能让自己与众不同的独特经历。人天生会被不同的、稀有的、出人意料的故事所吸引。例如，一个物理专业的学生竟是国家级拳击手，或一个计算机专业的学生擅长演奏特雷门琴并为此创办了俱乐部，这样的故事会激发人们的好奇心，让人有继续追问的欲望。

　　归根结底，找到平衡的开始在于发现真正令你兴奋的生活状态——什么是"酷"，什么能激发快乐，什么让你变得有趣。许多高成就者不仅有令人印象深刻的文书，他们在人际交往中也同样令人着迷，因为他们拥有出乎意料的技能与爱好。

　　以我的联合创始人杰米为例。我们已经知道他是一个顶级的学霸，拥有哈佛大学、耶鲁大学、普林斯顿大学、斯坦福大学和牛津大学等顶尖大学的十多个学位，同时还将睿深教育从新西兰带到了全球六个大洲。这些令人印象深刻，对吧？但作为他多年的好友，我认为杰米真正吸引人的，是他那些看似与学术和事业毫无关联的小众爱好（比如"战锤"系列游戏），这为他的个人特质增添了另一个维度。

　　"战锤"是一系列融合了战争战术和艺术工艺的桌面策略游戏，玩家需要收集、组建并绘制精细的小型军队，在虚拟战场上展开战略对抗。这个系列的游戏复杂且需要技巧、耐心与创新，通常需要数周甚至数月的规划与执行。杰米对"战锤"的热爱已经到了痴迷的程度。他的公寓里摆满了手绘的微缩模型，每一个模型都制作得精妙绝伦。我第一次来的时候，就被这支小型"军队"惊呆了。"你是怎么抽出时间来给这些模型上色的？"我问道。

　　杰米只是耸耸肩。"我是在睿深教育的电话会议的间隙弄的。这是一种很好的减压方式。"

　　他竟然就这么风轻云淡地说出来了！杰米对"战锤"的热爱早已超出了休闲范畴。他参加过竞技比赛，成功进入美国队，并一路打进了"战锤 40k 国际锦标赛"，其专注与投入，丝毫不亚于职业电竞选手。杰米训练非常刻苦，有天下午上完耶鲁大学法学院的课，他在从纽黑文回纽约的车上还完成了一整场比赛，真是超乎寻常的投入。

最重要的是，这个爱好让他保持平衡、敏锐，激发出创造力。这是他从工作或学习压力中抽离出来的方式，让他的头脑得以放松，重新整理，并在模型绘制与战略推演中，体验完全不同的问题解决方式。

在和我一起旅行时，杰米会背一个装满书的大背包。这在意料之中，对吧？不过，让我哭笑不得的是，他还试图把索尼 PS5 主机和两个无线手柄也塞进包里。不管是在北京参加投资者会议，还是在悉尼的全球教育博览会上演讲，一天结束后，他都会把 PS5 插到酒店的电视上，来几局"使命召唤"放松一下。

杰米的兴趣广度令人惊叹，包括从跳伞到蹦极等。他既喜欢充满刺激的体验，也享受游戏所需的策略和耐心。即便在经营全球业务、著书、通过纽约律师资格考试以及完成博士论文的同时，他依然能够保持这种多元的生活方式。

正是这些额外的维度，让杰米成为一个有趣的交谈对象。与他交谈，你永远不会感到无聊，因为他总有那么多的故事可讲。无论是和他搭乘横跨太平洋的长途航班，还是在迪士尼乐园过山车前排队，我们永远有聊不完的趣事。他总有一些独特的见解，让人在交流中感到耳目一新。

最初，铁人三项对我而言只是意志力的考验，但后来我意识到，它背后还有更深层的意义。与公园慢跑、健身房锻炼，或打网球这些周末活动不同，铁人三项完全是另一种挑战。它需要持续数月的训练，兼具体能耐力、时间精确安排和心理承受力，因此大多数人望而却步。我在圣克鲁斯参加比赛时，扫了一眼参赛选手名单，发现我是整个比赛中唯一的中国选手。

每当我提到我的铁人三项训练时，我的朋友和家人都会非常好奇："等等，你游泳、骑自行车、跑步连续几个小时？你是怎么做到的？最难的部分是什么？冲过终点是什么感觉？"

全身心投入大多数人从未考虑过的事情中，会有一种难以言说的兴奋感。对于学生来说，其中的关键在于：如果你的生活在学业和常规活动之外显得单一，那么也许是时候做出改变了。找到让你兴奋的事情，找到属于你的"酷"。不要随波逐流，去培养一些让你真切感受到生命活力的爱好，能让别人在跟你聊天时停下来，迫不及待地说："等等，再跟我讲讲这个！"

找到平衡，不仅仅是避免蜡烛两头烧。归根结底，是让自己的生活更有活力、更多样化、更令人兴奋，我称之为"拥有有趣的灵魂"。 我曾听一位贝恩公司的前管理顾问提过"机场测试"：在评估候选人的资历和工作所需的技能之外，顶级咨询公司的招聘官经常在面试后问自己一个问题："若出差时我们的航班延误，我是否愿意和这个人一起被困在机场？"

这个场景听起来似乎无关紧要，但它揭示了我们如何在招生、招聘或生活中评价他人。当航班延误、转机时间漫长时，仅凭技术能力是撑不起一场对话的。因此，无论你是在申请大学、推介初创公司，还是组建团队，千万不要低估成为那个"在航班延误期间，大家愿意与他聊天的人"的价值。

寻找你的第三空间

在我提出的抗疲劳公式中，"第三空间"是最深刻、最神圣的元素之一。"第三空间"这一概念由美国城市社会学家雷·奥登伯格（Ray Oldenburg）提出（见图 6-2），对于学生而言，"第三空间"就是存在于我们的第一空间（家庭空间）和第二空间（学校空间）之外的地方。这里通常是一个中立的环境，我们可以在这里放松、社交、探索自我，做回真正的自己，而不用承担来自成绩、表现或义务的压力。在当今这个充斥着截止日期和数字噪声的"全天在线"世界里，第三空间比以往任何时候都重要。它就像是我们情绪的减压舱，让我们有机会喘息。

图 6-2　"第三空间"示意图

奥登伯格最初是在咖啡馆、社区中心或本地酒吧这样的地方观察到"第三空间"的存在。这些休闲场所，能激发人与人之间的连接和自发的愉悦感。但对于如今的学生而言，第三空间可以有多种形式：攀岩中心、壁球场、登山远足区域、舞蹈室，甚至是飞行学校。重要的不是它的形式，而是它带给你的感受。你的"第三空间"应该是没有评判的、丰富的、流动的，并且与你"无人注视时的真实自我"紧密相连。它是一个不带成绩单和绩效评估压力的地方，在这里，你的身份得以延伸、进化。

对我来说，像是悉尼北部巴尔莫勒尔海滩这样进行铁人三项训练的地方，成了我的第三空间。训练固然辛苦，但也是我逃离高压生活的绝佳出口——无论是与软件供应商激烈的谈判交锋，还是深夜完成计算机科学作业的疲惫，都能在此刻得到释放。此外，每次比赛都会带我到一些我从未去过的地方，比如墨尔本西南部迷人的海滨城市吉朗。与一般游客不同的是，我是通过铁人三项运动员的视角来体验这座城市的。我沿着崎岖的海岸线奔跑，在波光粼粼的海水中游泳，在道路上骑自行车欣赏壮丽的景色，全身心沉浸在那一刻，去专注和享受。这些时刻是我的第三空间——在那里，我既不是忙忙碌碌的学生，也不是压力极大的创业者。我只是一个"在路上"的人，卸下所有的精神负担，充分享受大自然的原始之美。既没有工作消息，也没有电子邮件，更没有视频会议，只有风、海水、呼吸与汗水。

这就是铁人三项充满魔力的地方。它不仅是一项健身运动，更是一次借由改变环境实现心理重启的机会。在日常的琐碎与雄心的喧嚣之间，第三空间成为我的锚点。在越过终点线后，在肾上腺素逐渐褪去的第二天，我一瘸一拐地漫步在慵懒的海滨城市，结识来自世界各地的运动员，尝试新的食物，看夕阳缓缓落下。冒险之旅变成了努力的奖赏，旅行变成了蜕变的延续。

由于被铁人三项背后的"第三空间"所吸引，我开始探索能让自己生活更丰富的其他兴趣。我儿时的梦想，就是成为一名飞行员。然而，我父母并不支持我的想法，因为他们认为这是一种"非学术性"的追求，不符合我家乡那种传统意义上的成功路径。

多年后，我有了稳定的收入，决定重拾儿时的梦想。在工作会议间隙，我抽空去飞行学校学习，最终拿到了飞行员执照。就像铁人三项一样，飞行给了我结构化的追逐目标：我从基础的单引擎飞机的目视飞行规则开始，逐步考取仪表飞行和双引擎飞机等附加认证。总有新的乐趣等着我去发掘。

飞行成为我人生中又一次令人兴奋且释放自我的经历。从细致检查飞机每一个部件开始，到握住操纵杆、抬升机头，飞入广阔天空的那一刻，我感受到了一种比平时更强烈的掌控感和自由感。飞行，是我生命中唯一真正与外界隔绝的时刻。我既不会在飞行途中查看信息，也不会在邮件之间切换。驾驶舱内，我必须全神贯注、全身心投入。

我在潜水中也找到类似的平静和惊奇感。穿上浮力控制装置，背上氧气瓶，缓缓潜入大海，让我有一种近乎精神上的放松。在海水的表层之下，有一个隐秘、寂静的蓝色宇宙。失重、静谧，仿佛悬浮在外星环境，周围是令人着迷的水下生物，这些常常让人感觉像是被传送到了一个平行宇宙。与铁人三项或飞行类似，水肺潜水让我彻底抽离日常。没有推送通知或嗡嗡作响的手机，只有自己通过连接氧气罐调节器传来的规律呼吸声，还有海洋生物在珊瑚林中悠然穿梭的超现实之美。这是一种同时让人感到内心安定又心旷神怡的体验。

我意想不到的第三空间出现在新冠肺炎疫情防控期间的上海。当时户外活动受限，我意外地爱上了密室逃脱。2019 年起，中国的密室行业突飞猛进，迅速发展。品牌间的竞争十分激烈，玩法迭代的速度如同光速。我惊喜地发现早已不是传统、简单的娱乐形式，而是艺术、故事和尖端科技的巧妙结合。

我和朋友们在晚上下班后走进陈旧的写字楼或废弃仓库，里面仿佛藏着一个个艺术杰作。这些密室可与纽约著名的沉浸式戏剧《不眠之夜》（*Sleep No More*）相媲美。在一局游戏中，我是一名唐朝的侦探，在荒野的寺庙里与敌对势力斗智斗勇，侦破悬案。在另一局游戏中，我是一个陷入困境的火星探险队队员，争分夺秒地寻找能量芯片，试图重启飞船的动力系统。在身心俱疲的一天后，这些密室让我彻底进入另一个世界。

让我着迷的不只是谜题本身，更是其背后令人惊叹的构思、工艺与创意。我惊叹于灯光设计的精妙、环绕声效的营造、演员的演技和机关墙体的机械设计。在这些密室里，我暂时忘掉工作，成为一名无畏的星际探险者、疯狂的生化科学家或带着无数秘密的特工。外面的世界似乎消失了。

无论是铁人三项的赛道、飞机驾驶舱、海底世界，还是隐藏在旧楼中的唐朝古庙，我的第三空间有很多形式，但它产生的效果始终如一：减缓我的疲劳，让我重获能量。你可能不一定觉得我的第三空间多么有趣，但你一定需要有自己的第三空间。也许是说单口相声，也许是写诗，也许是修复老式黑胶唱片机，也许是在机器人俱乐部指导学弟学妹……不管是什么，它应该带给你快乐、挑战和成长。透支之所以可怕，不仅是因为身体上的疲惫，更是因为自我意识的萎缩。而没有什么比发现一个能让你重新拓展自我边界的地方，更能唤醒你的心灵。

不是时间不够，而是时间在漏

坦白地说，如今大多数人都觉得自己处于"超负荷运转"的状态。学业、课外活动、社交生活、家庭责任……我们的日程表被排得满满当当。因此，再增加一项运动、加入一个俱乐部或开展一个项目，似乎根本不可能。当我们谈到抗透支时，第一反应往往是做减法，而非做加法。公平地说，有时确实应该做减法：减少看电子产品的时间，减少低价值的任务，在一周中留出更多空闲时间。

然而，这里存在一个悖论。在我认识的人当中，有些人像杰米一样在学业、生活、工作之间游刃有余，但他们并不一定比那些做得少的人更有压力或更疲惫。事实上，他们往往看起来更有活力、更专注，甚至更快乐。为什么会这样呢？因为关键不在于做得更少，而在于掌握时间管理的艺术，即学会如何高效利用时间。

对许多学生来说，他们的问题不是没有时间，而是浪费时间（见图6-3：帕金森定律）。一个简单的作业可能被拖成2小时的"时间黑洞"，只因为他们不停地在网页间切换、分心刷抖音。他们把时间看成一块平面画布，而看不到其真正的样子—— 一块马赛克拼图。一旦他们学会这样看待时间，一天中的每分每秒都是可以被回收、被重组和被高效利用的。

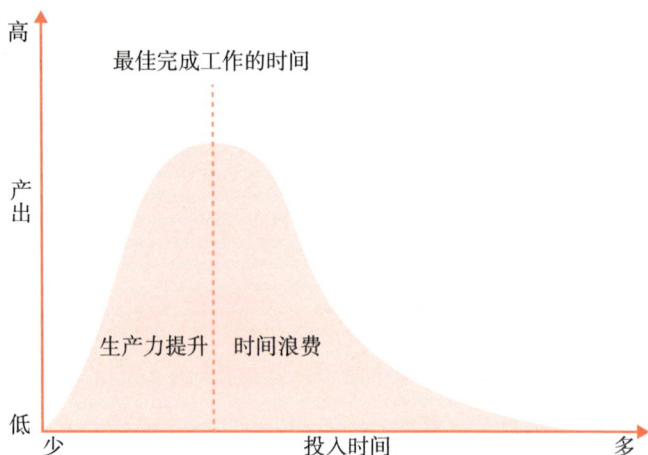

图 6-3　帕金森定律

策略性多任务处理

"策略性多任务处理"是回收时间的最有效方法之一，就是在**不产生冲突的前提下，同时调用身体和大脑的不同系统，甚至产生协同效应**。我是在铁人三项的训练中意识到这一点的。铁人三项训练不仅极其重复，还非常耗时。更痛苦的是，如果你不想在比赛中受伤，那就没有捷径可走。我记得自己曾在悉尼的公园进行残酷的"砖块训练"，即骑自行车、跑步、骑自行车、跑步的循环练习。这种魔鬼式的训练，是为了帮助身体适应多项运动之间的无缝切换，并且尽量减少衔接时的表现落差。我会骑行7千米，然后跑2.5千米，然后再重复整个循环，每次 3 ~ 4 个小时。然而，我还要管理创业项目，要完成财务报表，生活也要继续。

可我实在不喜欢浪费时间。我能不能一边训练，一边做点有产出的事情？我开始不再把训练视为独立于生活之外的"例外"，而是把它看成创造"复利"的机会。我在听书软件里放了很多书，比如尤瓦尔·赫拉利（Yuval Harari）的《人类简史：从动物到上帝》（Sapiens : Brief History of Humankind）和《今日简史：人类命运大议题》（21 Lessons for the 21st Century），还有英国有线电视新闻网的《调查》等播客频道。当我的双脚踩在地面或自行车踏板上的那一刻，我的大脑就开始运转了。在强健身体的同时，我的思维也得到了拓展。

每逢下雨天，我就在室内的自行车训练器和跑步机上训练，同时打开视频课程，或者用平板电脑朗读课程材料来听。我越练越强，不只是体能，还有认知力，仿佛从一天里挤出了几小时的"隐藏时间"。

这种方法不仅限于训练。我在之前的章节中提到，我曾用口袋笔记本记下英语单词，在上学或去龙马餐厅兼职打工的路上翻看。时至今日，我仍然想方设法地充分利用那些"碎片时间"，比如在机场登机口等待登机、在自助餐厅排队点餐，或者在线下会议之间的通勤时间。我的原则很简单：如果身体在忙，大脑是空闲的，那么我就用这个心智空间来学习或思考。你可能已经猜到了，这本书就是我在从美国飞往亚洲某个国家的途中、斯坦福大学和哈佛大学课程的间隙，以及研讨会上发表演讲前后写下的。我们都知道"很难找到时间"，因此关键是：当机会出现时，必须用策略把握它。

然而明智地使用这一策略至关重要。只有当各项活动不冲突时，多任务处理才会奏效。一边骑车，一边听播客？很好。但一边听历史课，一边做微积分作业？这绝对行不通。一边刷抖音，一边看录播课？还不如直接大大方方地刷抖音。多任务处理的极佳时机，是肌肉忙碌而头脑清醒的时候，反之亦然。当两项任务需要同样的认知专注力时，最好找到没有冲突的第三项任务，或者至少从这两项任务中选择一项，全神贯注地快速完成。在合理的时候进行多任务处理，在不合理的时候，守护你的注意力。

学会并坚持使用电子日历

如果你问我："所有电子设备和应用程序中只能保留一个，你会选什么？"我的答案绝对是谷歌日历。对我来说，它不仅仅是一个日程安排工具，还是我的指挥中心、神经中枢。从课程和工作安排到运动和周末的兴趣活动，我都会通过它进行安排。

很多人认为日历只是用来记录重大事件或重要安排的，实则不一定如此。我的电子日历被密密麻麻的时间块填满，其中包括一些看起来琐碎的内容：写作业、吃饭、回复客户邮件、拟定合作方案，甚至包括密室逃脱或看电影这种放松时间。我用时间块来管理我的一天，因为我深刻认识到，没有被规划好的任务可能永远完不成。更重要的是，时间块划定了边界，可以防止事情无限拖延，或毫无头绪地耗掉一整天。

这就是时间块管理法至关重要的原因所在。假设这是一个周六的下午，你模糊地告诉自己："我要完成我的物理课题。"如果没有一个明确的时间限制，这项任务可能会消耗 4 小时，中途可能被零食时间、刷手机的时间、小憩或朋友的电话打断。本来只需要 90 分钟专注时间的事情，最后却吞噬了你整个下午。我尽量不让这种事情发生在自己身上。如果我在做作业，那就必须在 90 分钟内或特定时间段内完成。我甚至连放松也是有计划的，不是因为我有强迫症，而是因为时间体系能给我自由。

每周日下午，我会坐下来审视接下来的一周，就像建筑师研究蓝图一样，仔细研究我的日程表。哪些是高强度时段？某一天的工作量是过多还是过少？有没有在会议之间留出缓冲时间，以防超时？在一周开始之前，我会对我的日程表进行微调。每天晚上，我都会花 5 分钟查看第二天的日程安排，这样我就能知道几点起床，几点结束一天的工作。每天早上，我首先查看的是日程表，因为我想清楚地了解自己一天的工作计划。我还会使用谷歌日历上的周视图来进行"航拍式扫描"——看看是否有连续熬夜的倾向，或者健身安排是否太少，让自己感到迟钝。这种视角非常重要，因为它让我不仅关注短期效率，更关注长期的可持续性。

持之以恒地使用日历的另一个好处是建立责任感。一旦某事被列入你的日程表，它就是一种承诺，而不是一种可能性。当你形成了这种习惯和纪律，跳过任务的心理门槛就会变高。因为你不再是忽略了一些模糊的待办事项清单，而是违背了对自己的承诺。我经常对我的学生说："如果你想知道我对日程管理有多严苛，只要问我 3 年前的 3 月 12 日下午 4 点我到底在做什么。我在几秒钟内就能告诉你。"这就是我使用日历的严谨性与一致性。

从本质上讲，你的日程表应该反映你的价值观、精力和生活节奏。它应该涵盖所有对你来说重要的事情：专注深度工作的时间、休息的时间、人际关系时间，以及成长的时间。一旦你用这种程度的尊重和重视来对待时间，你会惊讶于自己居然能在不崩溃的情况下做那么多事情，甚至不会焦头烂额。如果你是一名学生，正努力兼顾学业、课外活动、申请、爱好和社交生活，那就开始持之以恒地使用你的电子日历吧。没有计划，失衡在所难免；有了经过深思熟虑的优化时间表，只需轻轻一点，就能提高效率与表现。

并非所有任务都是一样重要：要坚持不懈地更新优先次序

当你的待办事项积累到一定程度，策略性多任务处理和日历管理也帮不了你。这时候，你必须通过优先级管理来调控任务数量与节奏。很多人都是凭直觉来确定优先级，但其实可以用系统方法来处理。我经常向学生推荐的一个实用的框架：艾森豪威尔矩阵（见图 6-4）。它是以美国前总统德怀特·戴维·艾森豪威尔（Dwight David Eisenhower）名字命名的，他有一句名言："重要的事情很少紧急，而紧急的事情很少重要。"史蒂芬·柯维（Stephen Covey）在其畅销书《高效能人士的七个习惯》（The 7 Habits of Hlighly Effective People）中推广了这一框架。这个矩阵将任务划分为紧迫性和重要性两个维度，并创建了四个象限，帮助人们决定哪些时候需要采取行动，哪些时候需要制订计划，哪些时候该委派他人，哪些时候该果断忽略。

让我们来逐步拆解。

图 6-4　艾森豪威尔矩阵

第一象限：紧急且重要。这些任务需要你立即处理，而且风险重大——你可以把它们看作是学习或生活中的"紧急情况"。这可能是明天要交的重要作业、午夜截止的申请，或者是第二天一早的考试。这些都是具有时间敏感性的重要事项，因此它们很明显是你的首要任务。但如果你经常卡在这个象限里，可能说明你平时的规划做得不够，才会让所有任务都堆到最后一刻。真正的危机必须处理，而经常性的危机说明你需要更好的前置管理。

第二象限：重要但不紧急。这是黄金象限，也是一个大多数人都会忽略的象限，但真正的奇迹就发生在这里。这些任务短期内不会"爆炸"，但从长远来看意义重大：复习几个月后的大学先修课程考试，完成一个有影响力的毕业项目，提前修读大学先修课程，或者记录生活中的特别时刻，以便在未来的申请文书中将其转化为有力的故事。身体与心理健康的维护也属于这个象限。花时间在这里，不仅能预防第一象限的"紧急问题"，还能稳步累积长期优势。

第三象限：既不紧急也不重要。这里是时间消逝的地方。无意识地滚动鼠标、长时间无目的地打游戏、漫无目的地刷剧、被动参加聚会只是因为"不好意思拒绝"……这些事情消耗了你的能量，却没有带来任何长期价值或短期必要性。要坚持不懈，尽可能避免这一象限。职业倦怠就是从这里开始的，不是因为你工作太累，而是因为你太空虚。

第四象限：紧急但不重要。这些是伪装成紧急情况的干扰项，是一些看似紧迫但实际上与你的目标并不一致的任务。仓促报名某个写作比赛，但在短时间内你其实学不到什么东西；临时同意参加一个你并不感兴趣的学生组织会议；因为手机震动，你就立刻回复朋友无关紧要的信息。在做这些事情的时候，你很容易觉得自己"很有成效"或"很有帮助"，但实际上，你是在被动应对，而不是主动采取策略。关键是要认识到这些问题，在可能的情况下推迟处理，或者委托他人处理。别让这些伪紧急的事情劫持你的时间主权。

对学生来说，艾森豪威尔矩阵是降低噪声的利器。举个例子，你这周要交一篇论文，要准备一个社团活动，要参加两场考试，还要参加一个朋友的聚会。如果你只是被动应对，可能哪个"叫得最响"，你就先做哪个。但是，如果你懂得这个框架，你就可以问自己：现在什么才是真正重要的？什么可以往后推？什么是可以放弃而不会造成长期危害的？这样你才能有意识地利用时间。

学会说"不"很难，却是一门必修课。我曾拒绝篮球赛，也推掉深夜电影局，这不是因为我不重视朋友，而是因为我始终在计算"机会成本"。和朋友一起出去娱乐固然很好，但错过一次聚会，真的会损害关系吗？几乎不会。同样，参加一次聚会就能增进彼此间的关系吗？也未必。当答案不明确时，我就会回到这个框架：它紧急吗，重要吗？如果都不是，我就会放弃。

当然，如果那场篮球赛是你的第三空间，那你就应该毫不犹豫地去参加比赛。但如果你是出于从众、内疚或者"怕别人不开心"才去参加比赛，那就应该停下来反思一下了。时间是你非常宝贵的财富，每一个"好"都意味着你在对其他可能说"不"。

我在本章里倡导的四个方法——重新定义"酷"、构建第三空间、修复时间漏洞、动态优先级管理，旨在帮助你学会避免透支，让生命即使在高压下也能蓬勃绽放。重新定义"酷"的本质，是打破对成功的单一想象。真正的"酷"，是找到那些让你眼前发亮的事物。它或许与学业无关，但终将成为你人格魅力的一部分。

而第三空间正是滋养这种独特性的"圣地"。无论是潜水时与珊瑚共舞的静谧之感，还是密室逃脱中化身唐朝侦探的沉浸式体验，这些抽离日常的"心灵避难所"，恰恰是防止职业倦怠的强大缓冲剂。它们像充电桩一样，在你能量耗尽时提供快速补给。

当我们学会用策略性多任务处理回收碎片时间、用电子日历封堵时间漏洞时，一个反直觉的真相浮出水面：忙碌的人往往显得从容。就像我在铁人三项训练时同步吸收知识，将通勤变成移动课堂一样，时间管理的终极奥秘不在于挤压，而在于编织：把不同性质的任务像经纬线般交错，织出高效率的锦缎。

最后，艾森豪威尔矩阵告诉我们透支常源于对"所有事情都重要"的幻觉。当我把朋友的聚会邀请放进"既不紧急也不重要"象限时，我不是在拒绝生活，而是在为更重要的事情腾出时间。真正的自由来自清醒地区分"必须做"和"值得做"。

个人品质

Outreach

执行能力

自我拓展

飞轮第三动力
——自我拓展

　　创业型学生需要将执行成果不断放大。你要学会用故事扩大自己的影响力，组建你的支持者团队，善用AI 工具提升效率，把个人努力转化为集体共创。这样，你的每个进步都会产生更大的影响力，真正改变周围的世界。

第七章

连接力

建立你的个人"顾问委员会"

如何通过建立与和自己文化背景截然不同的导师及同学间的联系,助力个人发展,解锁新的机会

在高中的最后一年,我前往新西兰首都惠灵顿参加高中生模拟联合国会议。在模拟联合国会议中,由学生扮演的不同国家的外交官在讲台上慷慨陈词,起草决议,谈判投票。每个人都肩负着自己所代表国家的"重任"。

会议上,在一群身穿西装的代表里,一位学生引起了我的注意。他风趣、自信、松弛而富有魅力。他留有一头棕色长发,侧梳的刘海让他略显叛逆,但他能量十足,能够掌控全场。无论是在舞台上激情发言,还是在午餐时妙语连珠,他好像和每一个人都很熟,且每个人也都认识他。

我没有机会和他交谈,因为这是我第一次参加新西兰全国范围的模拟联合国会议。我还在费力寻找到底去哪间会议室,更别提和这里受欢迎的人交朋友了。会议结束后,我回到了奥克兰,重归忙碌的生活。几个月后的一天,我正在浏览社交媒体,看到一个帖子

下面有几百个赞：

"我被哈佛大学录取了！！！"

什么？等等，我一看署名，是那个在模拟联合国会议上遇到的学生杰米！

我停在那个界面。新西兰的学生也会申请哈佛大学吗？我当然知道哈佛大学，但在我的印象中，它更像是一个抽象的概念，似乎只有电影里的人才能去那里读书。但现在，一个身边的人，就这么随意地宣布他即将去世界名校读书。

看到杰米被录取的帖子，我满脑子都是问题："他是怎么做到的？申请过程是怎样的？"于是，我在脸书上联系了他。当时我也在申请澳大利亚的奖学金，因此向他请教了一些问题。让我意外的是，杰米并没有敷衍我，而是倾囊相授。我们开始交流，不知不觉就聊了好几个小时。

杰米非常接地气，而且乐于助人。他没有"我就是那个考进哈佛大学的人"的架子，只是真心实意地分享他的见解。我记得那时圣诞节刚过，他刚到美国，原本计划去时代广场看跨年落球仪式，但考虑到我的申请即将截止，他选择留在酒店房间里帮我。

接下来的几周里，我们聊得越来越多，话题也发生了转变。杰米开始分享他的远大理想："如果我们能帮助更多的新西兰学生获得海外求学的机会，那该多有意义？新西兰并没有太多懂得如何指导学生进入英美大学的顾问，这可能是个很大的市场机会！"

我被他说服了，毕竟自己在过去的 3 年中也曾希望能得到这样的指导。那新西兰还有多少学生也处于同样的境地呢？这可能是一个巨大的商业机会。

那时我刚刚高中毕业，在新西兰规模最大的信息技术服务公司实习，为一家电信巨头完成品牌重塑项目。我加入的团队负责重建该电信巨头的数字平台和内容管理系统。虽然我的编程经验为零，但我很快就掌握了这项技能，几周之内从编程新手变成了一个能够完成基本网站开发的人。因此，当杰米和我聊到我们要建立些什么的时候，我的主张很清晰：

我来申请一个合适的域名，然后创建一个功能齐全的网站，并定制我们需要的功能。如果我们想经营正规业务，就不能仅仅依靠基础网页模板和谷歌邮箱。

杰米很兴奋，我也很快就开始着手进行。我每天早上 7 点起床，实习到下午 6 点，然后回家为睿深教育创建网站，常常要忙到半夜。我在周末更是全力以赴。这是我第一个真正意义上的个人项目，我非常想做出成绩。

几周后，我向杰米展示了我的成果。他当时正在机场，站在登机口准备登机。这时，他在笔记本电脑上打开了全新的睿深教育网站。

他欣喜若狂，"我的天……兄弟，这也太棒了，超乎我的想象！"

我能听到他声音中的激动，知道他非常喜欢这个网站。如今，创建一个网站非常容易，但在 15 年前，这不是一件简单的事。从选择字体和设计"联系我们"表单，到创建团队展示页面与添加详细的服务介绍，一切都要从零开始。

除了管理网站，我也要承担更多运营工作。我成为一名学术辅导老师，通过线上与线下相结合的方式，为学生辅导数学、科学和经济学等科目。我在电脑上设计传单，并在线上发帖宣传，还在上下班高峰期守在火车站外发放传单。我甚至兼任客服，回复每一封收到的邮件，确保不遗漏任何一条咨询信息。

杰米在北美，我在大洋洲，但我们经常通过视频电话和互发信息沟通。我和杰米共事的时间越久，对他就越是钦佩。他那种孜孜不倦的工作态度、恪守原则的职业道德，以及对完美的追求都达到了另一种高度。我给他发信息，他大多数时候都会秒回。

"等等，现在不是美国东海岸的凌晨 3 点吗？"

有时，他一边吃着巧克力豆或夏威夷果饼干，一边给我打电话，半夜三更还兴致勃勃地与我讨论业务。这种敬业精神是我从未见过的。

杰米给我留下的第一个印象就是"奋力拼搏"。在我认识的人中，没有人比杰米更能体现这个词。他不懈努力，立场坚定，从不喜欢等待。学生有紧急的数学问题？那就马上联系我们的辅导老师约课。一张重要的发票逾期了？那就马上联系财务团队处理。睿深教育的云服务账户突然崩溃了？那就马上联系技术部门解决。

我会说："杰米，现在是周日晚上 9 点。我们到底要联系谁？今晚不可能搞定……"杰米完全不为所动："我们还是试试吧。"

起初，我觉得太疯狂了。为什么要逼得这么紧？我们不会打扰别人吗？但时间一久，我明白了：创业者就要行动迅速。稍有迟疑就可能错失良机。速度很重要，冲劲也很重要。如果今晚就能完成，为什么要等到明天早上呢？我从杰米身上学到，任何问题都要有不容置疑的紧迫感，全力以赴去解决。

随着公司的发展，我和杰米的关系也越来越密切。他除了是我的事业合作伙伴和榜样，还是我最好的朋友之一。多年来，我们每天都保持交流——碰撞灵感、探讨困惑、大笑着分享有趣的图文，为大大小小的胜利而庆祝。我们的使命契合，目标一致，哪怕身处世界不同的角落，也都步调一致。

我逐渐了解到杰米的个人经历，并深受触动。尽管我们成长于截然不同的文化环境，说着不同的语言，却有着惊人的相似之处。他的母亲既是一名会计师也是一名律师，是一位令人敬仰的女性。我的母亲也是一名会计师，她同时还愿意挽起袖子来创业。杰米从他的母亲身上学到了坚韧、纪律和雄心，而我在自己的成长经历中，也深刻体会到这些价值观的重要性。尽管我们的肤色不同，但我们一拍即合，感觉像失散多年的亲兄弟。

你可能不相信，杰米和我第一次在线下握手，竟然是在我们共同创立睿深教育近 2 年之后——听起来是否有些不可思议？那时，我们已经成功完成了前两轮风险融资，公司也从一个宿舍里的创业团队成长为一家跨国企业，但我们还没在线下说过一句话。

2016 年夏天，杰米和我来到北京，准备向一位重量级投资者进行路演。北京不仅是首都，还被网友戏称为"首堵"。这次会面至关重要，可能会影响我们事业的走向。然而，我们前往会面地点的路堵得水泄不通，时间也在一分一秒地流逝。

起初，我们还心存希望，一边透过车窗望向外面停滞不前的车辆，一边继续练习我们的路演内容。但随着时间推移，我们忽然意识到，如果继续待在出租车里，我们肯定会迟到。而我们绝对不能迟到。"下车跑过去吧！"杰米喊道。我也没有任何犹豫，拉开车门，冲进了北京街头。

那一幕一定颇具戏剧性：两个西装革履的小伙子在熙熙攘攘的街头狂奔，穿梭于行人之间，躲避来往轰鸣的车辆，灵活地绕过街头小贩。当我们疾驰而过时，路人纷纷回头，可能在想我们是不是在逃离犯罪现场。但那一天，我们心中唯一的目标，就是要准时进行这场关键的路演。

当冲进会议室时，我们简直就像刚完成了一场百米冲刺比赛。我们气喘吁吁，但没有丝毫停顿，立刻投入演讲。这样随机应变、克服困难、逆境求生的经历，让我们为共同的目标奋斗，也拉近了我们之间的距离。

多年后，一场临时通知的投资者会议将在纽约举行，但当时我还在波士顿处理各种事务。作为创业者，我毫不犹豫地选择搭乘凌晨的跨州巴士，在天亮前赶到。

午夜刚过，我从波士顿南站出发，于凌晨 5 点抵达纽约。由于距离早上 8 点的会议还有些时间，我便在杰米家的沙发上准备小憩一会儿。然而，我刚刚躺下，杰米悄悄走进房间开始换衣服，准备去赶前往纽黑文的火车。那天早上，他还要去耶鲁大学法学院上课。

我们对视了一眼，都没有说话，只是彼此会心一笑，仿佛在无声地交流："这就是磨炼啊，兄弟。"那一刻，可谓完美地诠释了我们的战友情谊——彼此的激励与尊重，让这一切成为可能。

人们经常在谈论金融中的复利时，惊叹于小额投资如何在时间与坚持的作用下，滚雪球般地变成巨额储蓄。而人际关系也遵循同样的法则。今天我们所培养的人际关系，会以超乎预期的方式扩展和深化，最终塑造我们的人生轨迹。

然而，一些学生往往把人际关系视为短期资源，例如获得一封推荐信。"变革型关系"和"交易型关系"的区别在于，后者基于功利和便捷，而前者则建立在共同成长、激情和远大抱负的基础上。前者并不依赖于人情往来的计算，而是基于对彼此潜力的深信不疑。例如，杰米和我之间的关系，是自然发展而来的、真真切切地建立在对彼此的尊重和共同的雄心之上。起初，我们只是两个拥有共同愿景的年轻人，但随着时间的推移，我们共同打造的事业远远超出了一家公司本身。深厚的信任、深夜通电话得出的新点子，以及主题公园之旅，都是一种长期投资。这种投资正在以指数级的速度产生复利。

通过这样的关系建立起非凡事业的人，不只我们。在斯坦福商学院的销售管理课上，老师邀请了市场营销软件巨头 HubSpot 的联合创始人布莱恩·哈里根（Brian Halligan）来给我们分享经验。当他讲述自己与达梅升·沙哈（Dharmesh Shah）共同创建 HubSpot 的故事时，我发现这与我们创建睿深教育的经历非常相似。两位联合创始人因共同的愿景、彼此的信任，以及互补的能力走到了一起，而他们的经历也印证了一个道理：成功的企业并非诞生于某个天才的孤军奋战，而是至少由两个互相成就的人共同缔造。

哈里根和沙哈于 2004 年在麻省理工学院斯隆管理学院相识，两人都热衷于创业，想要颠覆传统营销的模式。在进入斯隆之前，沙哈已经是一位成功的企业家，他的决策智能平台 Pyramid Digital

Solutions 已被收购。而哈里根则在一家主打企业协作与通信工具的公司和另一家专注于为制造业提供数字化解决方案的公司积累了深厚的销售与战略经验。他们的相识，不仅基于对商业的共同兴趣，更源于他们对市场营销未来的相似见解，以及对打造同一家公司的共同愿景。

他们的合作关系之所以能成功，很大程度上是因为他们的技能组合相互补充。哈里根是公司的对外负责人，负责市场推广，让HubSpot 成为家喻户晓的品牌。而沙哈则是技术专家和产品远见者，他不仅编写了 HubSpot 的早期代码，还优化了其工程性能。他们分工明确，合作紧密，都尊重彼此的专长，让各自能够专注于自己擅长的领域。

让他们的合作关系更加牢固的，是他们在文化方面的深度契合。除了共同创办公司，他们还合著了《网络营销 3.0：Google，社会化媒体和博客引爆的集客式营销》(*Inbound Marketing: Get Found Using Google, Social Media, and Blogs*)，这本书定义了数字营销的新时代。沙哈的博客也成为创业者的首选资源，这进一步巩固了 HubSpot 在行业中的领导者地位。更重要的是，他们共同制定了 HubSpot 的企业文化准则，让透明、创新和长期思考的价值观深植于公司的基因。

他们的合作关系能够长久维持，正是建立在坦诚沟通和坚定支持的基础上。尽管他们的职能不同，但每一次重大决策都是他们共同做出的，确保彼此都不会被边缘化。即便 HubSpot 上市后，他们的友谊依旧稳固。

如今，HubSpot 已经成为一家市值超过 300 亿美元的公司，它的成功不仅是对两位创始人卓越商业智慧的证明，更是对伙伴关系力量极佳的诠释。他们拥有不同的技能，却有着相似的工作态度和价值观，并且懂得如何在意见产生分歧时进行高效沟通——这是所有长期合作关系中至关重要的特质。他们从不让自我意识妨碍执行，也始终不曾忘记创业的初衷。

作为学生，我们往往更关注自己想实现的目标，却很少思考与谁一起走过这段旅程。在学校里，与那些激励你的人建立联系，和取得4.0的绩点、完成有机化学研究项目，或成为交响乐团的熟练小提琴手同样重要。

让共同兴趣成为彼此的"关系加速器"

在学校里，同学间最有意义的事情之一，就是基于共同兴趣和相互欣赏建立关系。我们身边有无数潜在的伙伴，他们既可以带来挑战和激励，也能推动我们探索独自难以实现的新想法。我那些非常牢固的人际关系，往往来自课堂内外那些充满激情的瞬间，无论是在学生社团、学术竞赛，还是合唱团演出中，我与同学们都因共同兴趣走到一起。

回想高中阶段，我对经济学和商业很感兴趣，但不知如何将知识付诸实践。机缘巧合之下，我了解到新西兰本地的"青年企业计划"，这是一个类似美国"钻石挑战赛"的创业竞赛，旨在鼓励学生将创意想法转变为真正可运营的商业项目。这个机会让我兴奋不已，因为它为我提供了一个小试牛刀的创业平台。

于是，我找到杰克逊，提出组队的想法。他是我们年级里一位很聪明、很活跃的学生。他的父亲从事金融行业，因此他从小便对货币和资本市场有深入的了解，能轻松分析新西兰储备银行的利率调整情况。很快，我们就组建了一个 5 人核心团队。在最初的几次会议中，我们花了几小时进行头脑风暴，勾勒商业模式草图，思考如何开发简单而有影响力的产品。我提议从文具入手，因为作为高中生，我们身边到处都是笔记本、钢笔和白板。如果能让这些学习用品更实用，那不就是现成的商业机会吗？

在学校里，一些文具的使用并不方便。比如老师们用记号笔写板书时，常常找不到板擦，最后只能用手擦，既脏又浪费时间。而且，在切换幻灯片时，他们得走到电脑前操作，这会打断讲课的节奏。这些白板笔显然需要一次升级。

我们决定针对这个痛点，设计一款可以夹在白板笔上的小型支架，将其变成集书写与擦除功能于一体的二合一工具，让老师们可以随时书写、擦除，不会因找不到板擦而中断教学。此外，升级版还内置了蓝牙和激光，这样教师可以在白板和投影仪屏幕之间无缝切换，而无须来回走动。就这样，一个简单的课堂文具摇身一变成为功能更强、效率更高的教学工具。

每周六，同学们都会前往杰克逊家的车库，因为那里有我们临时搭建的工作站。那里简直是一个"麻雀虽小，五脏俱全"的小工厂，我们有人切割原材料，有人钻孔，有人黏合，还有人包装。在生产产品的间隙，我们也会在车库外打篮球，吃几张比萨补充能量，互相开玩笑，然后再继续制作。这些，是我高中生活中最美好的回忆。

产品准备就绪后，我们开始思考如何把它推向市场。我们在学校挨家挨户地拜访，向教师、系主任和行政人员推销，介绍如何用升级版白板笔提升教学体验。当时我还不会开车，因此由杰克逊负责驾驶，我则在车里一遍遍地练习推销话术。有些老师持怀疑态度，但也有些老师被这个创意打动，其中包括我们的商业课老师。很快，订单纷至沓来。

没几个月，我们的销售额接近 1 万新西兰元，远远超出我们的预期，我们还在"青年企业计划"路演中获了奖。对我来说，荣誉是次要的，真正珍贵的是这一路上那些难忘的时刻：仓库里挥洒的汗水和一起吃过的比萨、喝过的可乐，这些铸就了我们持续多年的友谊。

如今 12 年过去了，杰克逊和我仍然保持联系。我们会发信息探讨新西兰的房地产市场、投资策略和最新政策。每次我回到奥克兰，我们都会相约见面。杰克逊在新西兰的一家信息技术软硬件分销公司担任业务经理，而这家公司多年来一直是睿深教育可靠的办公设备供应商。

后来我辅导学生时，常令我感到惊讶的是，许多世界名校的学生都没有充分利用人际关系。学校社团和组织本是连接志同道合者的平台，但很多学生没有真正投入其中，甚至有人觉得它们只是"简历上的小点缀"，没什么意思，有人表示不知道从何开始，也不清楚该参加哪些活动。当然，还有非常常见的借口："我太忙了！"

事实上，学校是建立高质量、深层次人际关系的捷径。你在社团、项目和竞赛中结识的同学，都是基于共同兴趣而自发聚集的人。今天与你一起头脑风暴的朋友，未来可能成为你的联合创始人或商业伙伴。不要只把学校当作一个获取知识的地方，更要在学校与志同道合的人建立联系。如果你以完美的成绩毕业，却没有建立任何有意义的人际关系，那么你就错过了这段经历中极具价值的一个部分。

时间不够？去参加老师的课后答疑

如果你觉得时间紧迫，没办法长时间参加各种活动结识他人，那么参加老师的课后答疑活动是最明智的选择之一。研究表明，定期参加老师的课后答疑活动的学生辍学率更低，学业表现更出色。短短 20 分钟的交流，不仅是巩固课堂知识的绝佳机会，更是与老师建立关系的捷径。然而，很多学生都忽略了这一点，直到需要一封推荐信时才想起来。实际上，老师和教授们的经验不仅能帮你提升学业表现，还可能对你未来的职业发展产生积极的影响。聪明的学生不会等到遇到困难时才去找老师，而是在学期中主动参加答疑，带着问题与老师交流。

在我求学过程中，参加各类老师的课后答疑活动成为我课外学习的重要组成部分。在高中阶段，与校长霍奇先生建立的关系对我影响极大。也许是担心初来新西兰的我缺少朋友，校长经常邀请我到他的办公室交流，了解我的想法。

一天下午，他突然问了我一个我从未认真思考过的问题："方洲，你大学想学什么专业？"

我犹豫了。老实说，我从来没仔细想过这个问题。于是，我如实回答："我不知道。"

他追问道:"那大学毕业以后呢?你想从事什么工作?"

我仍没有明确的答案。"我喜欢经济学,"我犹豫了一下说,"或许我会成为一位经济学家,或者去银行工作。"

他挑眉看向我,"银行?听起来很有意思。但你知道在银行里,你具体会做什么吗?你想去哪种银行?"

这些追问让我措手不及。我愣了一下,随口回答:"呃……我不太确定……也许是澳新银行?或者西太平洋银行也行。"

他笑了笑,"银行当然是个不错的选择。但既然你也在学会计,你有没有考虑成为一名注册会计师?你听说过四大会计师事务所吗?"

我摇摇头,"没有,那是什么?"

他身体前倾,说道:"四大会计师事务所指的是普华永道、毕马威、安永和德勤,它们是全球知名的会计和咨询公司,在新西兰也设有分部。如果你喜欢商业,这是一个值得探索的方向。"

我很好奇,"那这些公司具体是做什么的?"

看出了我的兴趣,校长笑着解释:"他们的业务范围很广,包括公司审计、财务规划,甚至为企业并购提供咨询。如果你能做到合伙人,那你的职业发展基本就稳了。"

最后那句话击中了我。合伙人?职业发展就稳了?在一家知名公司工作,穿着笔挺的西装,不仅能在可以看到海港景色的办公室里喝咖啡,还能出差飞往世界各地,主持重要会议……这些画面突然变得非常有吸引力。

那天回家后,我开始研究普华永道这家公司。我查阅了公司网站，了解它的服务内容，甚至在领英上搜索它需要的员工类型。我终于不再只是模糊地想着"从事经济相关的工作"，而是看到了一个具体的职业目标：进入普华永道这样的公司，为企业提供咨询，管理财务数据。

我们的高中并没有专门的职业规划导师引导我们探索大学专业和职业方向。那次在办公室的简短交流，让我看到了和导师建立关系的含金量。随着关系加深，校长开始尽可能地支持我。他去中国出差时，甚至专程绕道看望了我父母。他批准了我在高中最后一年增修多门课程的请求，这个决定帮助我取得了全校第一名的成绩，并在毕业典礼上担任学生代表。

进入大学后，我依然保持这一习惯，继续参加教授的课后答疑活动。这不仅是为了解决学业上的疑问，更是为了与老师建立更深层次的联系。在澳大利亚国立大学修读管理会计课程时，我经常找我的管理会计学老师王博士聊天，探讨如何将管理会计学的概念运用在睿深教育的运营上。在哈佛大学修读"腐败：发现与解决"课程时，我与教授探讨如何衡量腐败对经济的影响。她最终为我撰写了一封推荐信，帮助我获得剑桥大学博士项目的录取资格。在清华大学苏世民书院的高等教育领导力课上，我遇到了加州大学伯克利分校前校长尼古拉斯·迪克斯（Nicholas Dirks）教授，他后来加入了睿深教育的全球顾问委员会，与我们分享他对美国的大学制度的独到见解。

每段关系的建立，可能都始于一个简单举动：与老师和教授们课后沟通。像许多同学一样，我曾犹豫不决，担心自己问的问题不够"聪明",害怕在老师面前显得无知。但事实证明,这些只是自我设下的心理障碍。几乎每位教授都希望与学生交流,他们留出答疑时间,就是为了在课堂之外继续探讨话题。他们并不期待你知道所有答案。实际上,许多老师还会因答疑活动出席率低而烦恼。因此,如果你还在纠结是否该去老师办公室提问,答案永远是肯定的。这是你在学生时代最高效的时间投入之一。

永远不要低估"弱关系"的力量

从学术角度看,我与杰米和杰克逊的关系是"强关系",我们互相熟悉、信任且经常来往。我周末会去找他们一起看比赛,或深夜去吃烧烤。我一直认为,只有这些高承诺、深厚的强关系才值得投资,因为它们能随时间积累价值。因此,我曾刻意回避社交活动,也很少主动建立新的关系网。我也同时坚信,这些流于表面的人际关系对我的知识获取和职业成长没有什么帮助,甚至可能分散我的精力,影响我更"重要"的追求。

然而,故事并非如此简单。

在斯坦福商学院的组织行为学课上,我接触到了"弱关系"概念。这是由斯坦福大学教授马克·格兰诺维特(Mark Granovetter)在半个多世纪前提出的概念,它改变了我的认知。格兰诺维特认为,与那些仅一面之缘的同行者,或在会议中偶然结识的人建立的松散关系,有时甚至比"强关系"更有价值,因为它们能带来新的机遇和视角。

初闻此观点,我觉得这似乎有悖常理。一个我几乎不认识的人,比如周末打篮球时遇到的陌生人，或在模拟联合国会议上短暂交谈的代表，真的能比亲密朋友或导师更有价值吗？

弱关系的真正价值，在于它能提供更多元的信息渠道，以及开展跨学科合作的机会。强关系多在熟人圈和专业领域内，而弱关系往往来自不同学科背景。例如，与哲学或政治学的人交谈，可能会让你接触到生物伦理学或 AI 治理等前沿概念。而这些你可能从未留意过。

在职业发展上，弱关系也极为关键。2022 年，斯坦福大学、麻省理工学院和哈佛大学的研究人员与领英合作，在 5 年时间里，研究分析了全球 2000 多万人的职业轨迹，他们发现弱关系在职业流动性上比强关系更有影响力。

强关系固然重要，但更好的机会来自那些足够熟悉以提供信任感，却又足够疏远以带来真正的新机会的人际关系。研究还发现，弱关系的影响力呈现出显著的领域差异性。在科技、AI、软件开发和自动化等创新型行业，由于知识更迭极快，弱关系在获取新信息、拓展职业机会方面的作用更为显著。

更重要的是，这项研究对学生和职场新人具有深远启示。对于刚刚工作的人来说，家庭、密友和教授等强关系提供了稳定性、指导和支持。而在申请新项目、发现职位空缺，或进入全新行业时，弱关系往往是打开新大门的纽带。

在商学院学习了强关系和弱关系的差异之后，我意识到，尽管我不擅长闲聊，也不喜欢随意建立人际关系，但弱关系给我带来的益处远远超出了预期。比如，在斯坦福大学工程学院求学期间，我曾遇到一位在中国教育行业的工作人员，我们只是偶尔微信问候，从未深度交流过。但几年后，当睿深教育推出在线高中并寻找扩大课程规模的方法时，她提供了一些非常关键的资源。我联系了她，她很快就回复了我。第二天，我们就通了电话，她详细分享了运营经验，并向我介绍了她曾就职的公司在在线教育领域的极佳实践。短短一通电话，我做了 3 页纸的笔记。更棒的是，她还帮我联系了其他业内专家，让我收获了宝贵的行业见解。

弱关系在招聘中也极为关键。有时候，我穷尽身边所有资源，也找不到合适的人选。这不无道理，我的强关系多在熟悉圈子里，其覆盖范围天然受限。但通过领英发布招聘信息时，我常会收到来自多年未联系的同学、会议熟人甚至客户朋友的回复。这些弱关系为我推荐了合适的候选人，有些候选人甚至后来成为我团队的中坚力量。如今，睿深教育的许多辅导员和顾问，都是我学生时代偶然认识但多年未联系的人。

有了这种新的视角后，我开始提醒自己，不要只把精力投入强关系中。强关系固然宝贵，但需要大量时间和精力去维系。相比之下，弱关系更容易建立和维持，且随着时间推移，它可能带来巨大效益。因此，如果你还在上学，一定要保持开放心态，多交朋友，多参加活动、会议和比赛。即使某个人在当下看似与自己未来并无太多交集，也不妨主动添加对方的社交媒体账号，时不时保持联系。人际关系的价值不一定要靠深厚感情，有时一个弱关系就能带来意外的惊喜。

归根结底，成功从来都不是一个人的旅程。无论你多么有才华、肯吃苦、有志气，正确的人际关系都可以加速你的成长，让你获得个人努力所无法企及的机会。这也是为什么学生都应该建立一个"个人顾问委员会"——由导师、同龄人和榜样组成的经营得当的交往圈，在你人生的不同阶段为你提供指导、见解和机会。

一个强大的个人顾问委员会应该由那些已经做了你想做的事的人组成，因为他们能帮你拆解成功的路径；也应该由那些敢于挑战你的人组成，因为他们会推动你突破舒适区；还应该由那些能够拓宽你的世界观的人组成，因为成功不仅取决于你所知道的事情，还取决于你愿意学习什么。 如果在你的朋友圈里，只有与你想法相同、学习科目相同、志向相同的人，那么你的世界将变得狭小。一个好的顾问委员会，应该让你的世界变得更大。

在建立个人顾问委员会时，你不要只关注深度关系。那些在会议上偶然结识的人、为你答疑解惑的教授，或者与你喝过咖啡的校友，都可能成为通往未来关键的桥梁。

用兴趣驱动深度连接、善用导师资源、激活弱关系网络是学生进行自我拓展的出发点。真正的成长不仅取决于你自身的努力，更在于你与谁同行，以及如何将每一次偶然相遇转化为长期价值。

让共同兴趣成为"关系加速器"，意味着跳出功利性社交的陷阱。牢固的关系往往诞生于纯粹的热情之中。当你们共同为一个目标挥洒汗水时，信任与默契会自然沉淀。这种基于兴趣、"在同一个战壕战斗"的经历，远比刻意的社交更易催生出终身伙伴。当你感叹时间不够时，别忘了校园里的高效捷径：参加老师的课后答疑活动。这些短暂的面对面交流，往往能带来认知跃迁。导师的价值不仅在于答疑解惑，更在于他们能以"过来人"的视角帮你看到更多机会。一个主动敲门的学生，永远比等待被注意的学生能收获更多。而极具颠覆性的认知，莫过于弱关系的隐形力量。斯坦福大学的研究证明，那些课外活动中偶遇的朋友，甚至社交媒体上的"点赞之交"，可能比密友更能带来突破性机遇。弱关系之所以强大，正是因为它们存在于你的核心圈层之外。

这三重法则的终极启示是：人际关系不是静态资源，而是需要战略经营的动态生态。强关系是你的"核心智囊团"，弱关系是"机会雷达"，导师则是照亮盲区的"探照灯"。当你学会用兴趣筛选伙伴、用主动赢得指导、用开放心态连接弱关系时，你的人际关系将像复利曲线一样呈指数增长，而这或许是你学生时代非常值得投资的"隐形学位"。

第八章

故事力
学会在自我营销中扩大影响力

如何令一次刻骨铭心的失败经历激发出深度反思的申请文书，
从而获得清华大学和斯坦福大学的青睐

2014 年 6 月，我搬到了澳大利亚读本科，同时为了拓展睿深教育的业务，在堪培拉和悉尼之间来回奔波。我很快意识到一件事：我一个人做不了这么多事。在悉尼开展业务不仅是为了迈出第一步，还需要全力开展市场营销和业务拓展工作，迅速取得成绩。我像无头苍蝇一样在悉尼东奔西走：联系学校寻求合作，寻找讲座场地，找到写字楼签订办公室租约，在银行为公司开设对公账户等。

此前，除了在新西兰金融和信息技术两家公司实习过几次，我几乎没有任何职场经验。想要在一个全新的国家从零开始，打造稳定且可复制性强的业务，对我来说既陌生又充满不确定性。如何搭建数字营销体系？我们进入市场的方式是否正确？怎样有效推广我们的服务？在新西兰，我们的业务经历了高速增长，现金流也变得充裕，于是我们准备迈向更大的舞台。然而，澳大利亚的市场规模更大、环境更复杂、竞争更激烈，光靠我一个人的努力显然不够，我需要帮手。

"我们需要一个经验丰富、懂管理和运营的人"，我跟杰米开会时说。杰米同意，我们全力投入招聘工作中。我们翻遍领英，动用人际关系，发送了数百条招聘信息，邀请有志者加入我们。

几周后，我们发现了理查德——一位资深经理人，他在中东一家移民咨询公司担任首席执行官。理查德本科毕业于哥伦比亚大学，后获得斯坦福大学工商管理硕士学位。他拥有多年咨询经验，熟悉复杂的签证申请系统，并成功运营着一家年营收数百万美元的企业。作为一位从美国得克萨斯州走出来的名校毕业生，他自己也亲身经历过这样的竞争，必然深知进入常春藤名校和顶级商学院的策略。

我们兴奋地安排了面试，而理查德果然没有让我们失望。他言辞犀利，表达清晰，极具说服力。他对业务发展有着雄心勃勃又清晰可行的愿景。

我问他："理查德，你打算如何助力睿深教育在澳大利亚拓展业务？"

他脱口而出："我会重新定义睿深教育的业务发展模式。我有几十年的经验，可以帮你们打造一个可不断扩大规模的教育平台。我能让你们的市场推广更加专业化，并在短期内就能看到成果！"

这正是我摸索的方向，而他已经践行过。他既有背景、有资历，也有信心能把我们这个初创公司打造成一台高效运转的机器。

他说的每句话都一针见血，让我觉得能从他身上学到很多。

杰米和我坐在屏幕前，难掩内心的激动。理查德就是我们要找的人。他的履历无可挑剔，兼具完美的教育背景和扎实的专业知识。通话结束后，我们甚至开玩笑说："我们怎么会这么幸运？"

在随后的薪酬沟通过程中，理查德表示期望薪资达到六位数。这对我们初创公司来说是一笔巨款。但鉴于他的资历和专业能力，这在行业内也完全合理。

"这笔投资的收益率会高得惊人，"理查德向我们保证，"有了我，澳大利亚市场的扩张至少能让睿深教育的业务增长4倍。这个市场，比新西兰大多了。"

我们就这样被说服了。我和杰米已经开始幻想：在悉尼、墨尔本、珀斯、布里斯班，一个个高端的办公室，硕大的睿深教育标志醒目地挂在外墙上。我们有望成为澳大利亚教育行业的知名品牌。

不到一个月，理查德就从达拉斯搬到了悉尼，正式入职。第一天上班时，他穿着笔挺的灰色格纹西装，搭配洁白的衬衫和一条深红色的领带——领带的颜色甚至和我们的品牌色相呼应，可谓细节到位。杰米和我穿着牛仔裤和连帽衫，这副打扮很符合典型初创公司创始人的风格。我们不禁对理查德刮目相看。

从第一天起，理查德就展现出过人的自信。他迅速进入状态，言谈简洁高效。他用的很多行业术语我们都是第一次听到。他指出我们的营销方案如何能变得更加精炼、更具吸引力。我觉得，我们在他身边就已经是在学习了。

理查德天生就是个演讲家，他魅力十足，谈吐自信。他坐在我旁边忙碌地打电话、发邮件、安排会议。眼看着一切都向好的方向迈进，我对他的敬意也日渐加深。他的年纪与我的父母相仿，虽然严格来说我是他的上司，但我把他视为导师，因为他的建议能够加速我的成长。

然而，两个月过去了，杰米和我复盘业绩，却发现营收数据几乎没有增长，新的合作交易也都还在进行中。"我们也许可以多给他一些时间"，我说。毕竟他还在努力，而学校在做出决定前，也需要时间考虑。心急吃不了热豆腐。

每天，我都能看到他努力工作的样子。早上 8 点前他就到办公室打电话、写电子邮件、做幻灯片。我想，很快就会看到结果的。

但几周过去了，杰米和我查看业绩时，情况依旧。

"这一单还在进行中，但会在本月底前完成"，或者"那所学校还在考虑中，我有 99% 的把握，他们会签约"。

杰米终于忍不住了，提议和他聊聊。我却犹豫了，我凭什么质疑他？他的资历比我丰富太多，我相信他的专业知识，质疑他会显得很不尊重对方。

杰米反驳道："有资历不能保证成功。他是在全新的行业、全新的市场里。我们可以给他一些建设性的反馈。"我决定尝试和他聊聊。

第二天一早，我走进办公室，准备和理查德好好谈谈。但在看到他一如既往地专注工作时，我又犹豫了。我不知该如何打破这种气氛，难道直接和他说"你做得不好"吗？

我决定从小事入手，"理查德，我能看看你的方案吗？"

即使这么问，我也觉得不自在。毕竟，自己经验不足，而他管理过更大的公司。但我必须弄清楚情况。

审阅他的工作时，我发现了格式错误、细节不一致，以及许多被忽略的机会。按照我们的培训手册，他应该为客户提供多个选择方案，但他只提供了一种。他的定价也不合理。很明显，他没有完成公司的培训。

"这个方法更好，"他说，"相信我。"

"好吧，听起来不错。"我太过尊重他，没有进一步追问。

然而，由于业绩不佳，我们的现金储备消耗殆尽，董事会最终决定让理查德离职。当我们把这个消息告诉他时，他感到无比震惊。

"我一直以为自己做得很好。你们做了一个错误的决定，马上就能看到成果了。"他一脸错愕，失望至极。但决定已下，他只能离开。

后来，我们的一位投资者向我推荐了金·斯科特（Kim Scott）的《绝对坦率：一种新的管理哲学》（*Radical Candor: Be a Kick-Ass Boss without Losing Your Humanity*）一书。这本书让我真正理解了我所经历的困境，也让我明白了优秀的领导者如何进行绩效管理。斯科特的哲学简单却深刻：优秀的管理者既要做到关怀备至，也要敢于直接质疑。回避有难度的沟通，并不是真正的善意之举，反而是一种失职。如果你在意一个人能否取得成功，你就应该对他坦诚。我意识到，是我的文化环境束缚了我。我从小就被教育要尊重权威，但作为一名管理者，我不能因为这一点而回避关键的反馈。我既不是理查德的孩子，也不是他的下属。我是他的上级。我的职责是设定明确的期望值，并提供真实的反馈，确保团队取得成功。

这次管理失误，成为我职业生涯中的关键一课。多年后，当我申请"苏世民学者项目"时，我需要通过文书来进一步证明自己的领导力。文书的核心问题是要求申请人描述至少一个在职业生涯、学术旅程或个人生活中最能体现领导力的典型事例，重点是：

- 具有发现和理解挑战与机遇，并构想解决方案的智力或分析能力。
- 能够主动采取行动，并清晰地表达行动的要点。
- 具有激励团队协作的沟通能力。
- 具备推动变革、克服阻力和挑战，以取得积极成果的能力。

该项目希望申请人能够深入剖析自己的经历，展现个人的成长，并能够说明这段经历如何塑造了他们的领导愿景。此外，申请文书还需要回答以下问题：

- 你识别到的问题或挑战是什么？你为什么决定采取行动？你的行动计划是什么？
- 你遇到了哪些障碍或挑战？你是如何克服的？
- 你取得了哪些成果？它们对团队或社会产生了怎样的影响？
- 你从中学到了什么？有什么经验可以传授给他人？
- 这段经历是如何塑造了你的领导力？它如何与你未来的领导目标产生联系？

是不是很详细？这些问题像是精密的手术刀，对申请人的个人经历进行了全方位、深层次的剖析。

这个项目的竞争极为激烈。每年，全球有 4000 多名申请人竞争这 100 多个名额。这些申请人中不乏世界名校的毕业生、出版作家、奥运选手和年轻的企业家。每个人都有耀眼的履历、杰出的成就和精心打磨的文书。我知道，光有资历是不够的，我需要一个真正引人入胜的故事。

　　什么样的领导力故事才真正令人难忘？我陷入了思考：我应该展示在领导力方面的"胜利"吗？比如，我如何成功推动公司进入中国市场，或说服经验丰富的投资者加入我们的最后一轮投资？"胜利"的故事似乎是非常有保障的选择，但这太直白了。任何人写文书都爱写"胜利"，因为"胜利"很好写。但更有难度也更有记忆点的，是如何面对失败、承认错误，并从中成长。

　　于是，我想到了理查德，想到了当时的挣扎、错过的信号，以及那个非常致命的错误——我未能及时采取行动。这段经历深刻且痛苦，充满了挫败感，但我决定试一试，用它作为我的故事。

　　在这篇文章中，我为自己曾经的失职感到自豪。在讲述这个故事时，我

- 强调了自我认知存在盲区：我错失了反馈机会，但也从挫折中汲取了经验。
- 展示了我的反思能力和分析思维：不仅回顾了错误本身，还深入剖析了问题的根源。
- 体现了韧性和成长型思维：我没有逃避错误，而是从中学习并调整自己的领导方法。
- 彰显出了一定程度的成熟度：我有勇气承认自己的失败，并在一场关键的申请中坦然分享。

　　一个精彩的故事，可以将履历中的成长旅程娓娓道来。说到底，像苏世民学者项目，以及哈佛大学、斯坦福大学和沃顿商学院这样的世界名校所寻找的，不仅仅是那些已经成为首席执行官或知名政

治家的人，更是能够激励他人、适应环境，并在逆境中成长的未来领导者。相较于简单地宣称"我是一个伟大的领导者"，更有说服力的是"我曾经历失败，又是如何成长，因此我如今的领导方式也有所不同"。

在激烈的选拔中，故事就是你的声音。即便招生委员会忘记了你的成绩或头衔，他们仍会记得你传递的独特讯息。**无论是在书面申请还是现场面试中，一个好的故事会让你更具辨识度，因为人们记住的是你的心路历程，而不仅仅是你的资历。**适度的坦诚和脆弱有助于你与他人建立深厚的联系，讲述自身经历不仅让你更有人情味，还能增加可信度。总之，展示你如何在困境中体现领导力，比单纯罗列荣誉更有说服力。

即使你通过了选拔，讲故事的能力依然关键。世界名校会在整个学习过程中不断磨炼你讲故事的能力。例如，在斯坦福商学院，很受珍视的传统之一就是"讲故事"（TALK）—— 一项由学生主导的活动。抽签选出两名学生后，他们会与同学分享 30 分钟的个人故事。每周三晚，六七十名同学会挤在某个小教室里，聆听他们的分享。"讲故事"不仅是一场演讲，更是一扇能窥见彼此人生的窗口。有些故事让人捧腹大笑，有些故事则让人热泪盈眶。我仍清晰地记得一位工商管理硕士二年级学生的演讲。一位曾在"领导力实验室课程"中担任我们六人团队的导师，讲述了自己在印度的成长经历，即如何克服癫痫带来的重重挑战，以高中第一名的成绩考入了要求苛刻的印度理工学院学习化学工程，并在 Goonj（一个印度的营利政府组织，专注于抢险救灾、人道主义援助和社区服务）从事产品管理和组织战略方面的工作。在那间挤满了来自世界各地优秀学子的教室里，她的故事让我们彼此之间建立了深刻的理解与共鸣。在斯坦福商学院，"讲故事"是神圣的。不同于课堂上的偶尔走神，这些讲座吸引着同学们准时到场，并全神贯注、兴致勃勃地聆听。

与许多世界名校一样，哈佛大学也同样重视讲故事的能力。我曾在哈佛大学肯尼迪学院担任"沟通艺术"课程的助教，通过详细反馈学生与听众的互动，帮助他们提升讲故事能力和领导力沟通技巧。我们三分之一的课堂时间用于探讨各类沟通策略，其余时间专注于通过讲故事来练习公开演讲。我亲眼看到学生们如何将自己的理念（如刑事司法系统中的保释改革）转化为引人入胜的故事。我们教导学生，与其单纯展示一些犯罪率和累犯率的数据，不如构建一个能够引发观众兴趣并促使他们采取行动的故事。

在沃顿商学院的领导力课程中，讲故事也被视为体现领导力的关键技能。沃顿商学院强调，人与人之间的交往围绕故事展开，我们购买产品、选择朋友、支持领导者，甚至表达价值观，都依赖于故事。在"领导者即讲述者：通过故事建立联系与影响力"等研讨会上，聪明的商科学生都知道，相较于枯燥的事实、图表或数据，一个精彩的故事更能激发共鸣，增强信息的说服力。这些研讨会借鉴历史和商业案例，从首席执行官到社会活动家，他们探讨如何通过讲故事来激励团队、凝聚客户。与会者要深挖自己的经历，找出塑造信念和价值观的关键时刻。

在过去12年打造睿深教育的过程中，我也一直打磨自己讲故事的能力。无论是向学生、家长和同事，还是向投资者进行推介，故事的力量都至关重要。就其核心而言，推介是一种叙事方式，旨在激发信念、描绘未来愿景，并促使利益相关方愿意参与其中。讲故事，能将枯燥的商业价值主张转化为引人共鸣、令人兴奋的机会，这或许是每一位创业者亟须掌握的重要技能之一。

我们向学生和家长提供的，远不只大学和职业咨询、课程辅导服务。我们所做的，是点燃学生内心的雄心壮志。我们的使命是激发学生的动力，帮助他们突破自我设限，开拓视野，挑战现有边界，充分释放在学业和领导力上的潜能。就像耐克激发人们对卓越的追求一样，我们启发人们对美好事物的渴望，向学生展示他们未曾想象过的未来，并赋予他们追逐梦想的力量。

对投资者而言，我们的故事是要颠覆一个传统的、碎片化的且变革迟缓的行业。我们的愿景是，通过数字化手段，打破地域限制，打造一个全球互联的平台，让数以万计的学生能与世界顶级导师建立联系。我们的技术基础设施不仅是一种服务交付工具，还能让我们在全球范围内快速扩展业务，以更低的成本提供更高质量的教育服务。投资者看中的，不仅仅是我们的商业模式，还有我们重新定义教育行业的使命。与其说我们在建立一家传统的辅导机构，不如说我们在发起一场以雄心与追求为内核的教育运动。这不仅是支撑我每天清晨起床工作的动力，也是我向投资者讲述的、超越数据层面的故事。

好了，现在你知道了讲故事的重要性，但如何讲好一个故事呢？

从强烈的愿景开始

在大学申请中，围绕"为什么"展开讨论的这类文书是最常见的也是最容易出错的补充文书类型之一。这些文书要求学生阐述自己为什么选择某所大学、某个专业或特定的项目。

这些文书听起来比"身份认同"或"社区贡献"等文书要简单，但实际上它们更加棘手。

学生在回答这些问题时只关注直接的、显而易见的原因，而未能真正构建一个令人信服的未来愿景。他们谈论什么是有趣的、什么是相关的、什么是现有的机会，却忘记退后一步，描绘一个更大的画面，阐明他们要去哪里，以及如何到达那里。

招生官每年要阅读成千上万篇类似的申请文书。有些学生说他们喜欢经济学，是因为喜欢分析金融市场；或者说他们想学生物学，是因为对遗传学着迷。这些文章过于关注学科本身，往往无法让读者提起兴趣，也无法让招生官觉得他们正在投资一个变革世界的机会。

不妨借鉴创业者的路演思维。在向投资者进行路演时，创始人不会只说"我想改善清洁水的供应"或"我认为废物管理可以更有效"。这样的表述过于平淡，无法吸引投资者。优秀的企业家会描绘一个全新的未来图景，或者他们的愿景是为世界塑造变化。以美国的一家食品公司 Impossible Foods 为例，其创始人并非只强调其植物肉的生产技术，而是设想了一个人们可以在不损害环境的情况下享用美食的未来，比如通过分子科学复制牛肉的味道和口感。这从根本上颠覆了食品行业。再以 Zipline 为例，它是全球最大无人机物流公司之一。其创始人讲述了如何利用尖端无人机，彻底改变医疗供应链，向偏远地区运送性命攸关的血液和药品，从而改善了发展中国家的医疗可及性的故事，让愿景充满力量与感染力。

这一原则同样适用于大学申请、求职面试以及其他任何竞争场合。就像初创企业的创始人需要投资者为他们下注一样，大学申请者也需要招生官从众多候选人中选择他们。招聘官在评估应聘者时也是如此，招聘者不仅想知道应聘者对什么领域感兴趣，还想知道这种热情如何转化为具体的目标和行动计划。

例如，假设一名学生对人类学充满热情。这很好，但接下来呢？他是否想成为考古学家，发掘失落的文明，研究古代社会的演变？是否想将人类学研究应用于公共政策和城市规划，分析文化变迁如何塑造现代社会？又或者，他是否想将人类学视为从事国际发展事业的基础，从事跨文化交流和伦理决策？如果没有下一步，这篇文章就是不完整的——它缺乏愿景。

这同样适用于另一位热爱化学工程的学生。他是否计划成为材料科学家，研发新的纳米技术以推动可持续能源的发展？或者设想自己成为一名制药工程师，设计更安全、更有效的药物输送系统？又或者，他会对绿色化学感兴趣，希望研究革命性的方法来减少工业废物和污染？如果没有清晰的方向，他们的兴趣就很难让人理解。一旦有了具体的愿景，他们的热情就能转化为一个引人入胜的、关于未来影响的故事。

以下是睿深教育学生唐同学所写的两个不同版本的文书，他试图表达自己为什么想主修食品科学。虽然这两份草稿都有共同的主题，但它们在阐述学生的经历、研究和未来目标时采用了不同的方法。这两个版本之间的差异，凸显了表达方式的重要性——如何强调重点，如何融入细节，如何呈现未来的愿景。

早期版本

In the winter of 2022, I went back to my hometown. It was Spring Festival, so my family and I went to the night markets to celebrate on Chinese New Year's Eve.

2022 年冬天，我终于回到了家乡。那时正好是春节，我和家人一起去夜市过除夕。

All of us suffered from food poisoning, and my mom went to the hospital for a check-up. Luckily, she was all fine despite suffering from severe pain. My family and I were unable to enjoy the holiday time and have a good dinner together on New Year's Day tomorrow.

优化版本

While food contamination may seem like a relic of the 19th century solved by pasteurization, it remains a major public health crisis, causing at least 400 000 deaths annually. Growing up with dietary restrictions due to fatal peanut allergies and Tourette's, I'm driven to improve food safety for consumers.

尽管食品污染似乎已成为 19 世纪通过巴氏灭菌法解决的老问题，但它仍然是当今重大的公共卫生危机，每年食品污染会造成至少 40 万人死亡。我从小因花生过敏和妥瑞氏症而严格限制饮食，因此我立志改善消费者的食品安全。

Current detection technologies for contaminants are costly and inefficient, so I became drawn to developing an affordable, high-performing point-of-care biosensor during my two years of research. I investigated how pairing nanomaterials by their properties, like the TiO_2 PhC inverse opal structures and CdS quantum dots, allows for stronger light emissions, improving sensitivity and

我们所有人都有些食物中毒。我妈妈甚至去医院做了个检查。尽管她很难受，所幸她最终并无大碍。第二天就是大年初一了，然而我和家人都没能好好享受节日时光，一起吃一顿丰盛的晚餐。

I learned that what we take in is very important to how we thrive. As a kid with allergies, Tourette's, and nasal rhinitis, I knew I had to keep a strict, simple diet but I never thought that the same applied to everyone. The difference is, I know what to eat, while people in general experience it all of a sudden leading to illness, hospitalization, and even death.

我了解到，我们摄入的食物对我们的成长至关重要。作为一个患有食物过敏、妥瑞氏症和鼻炎的孩子，我一直保持着严格、清淡的饮食习惯，但我从未想过这

performance. This system, modified onto the working electrode, can then selectively detect analyte concentrations through their pairing with biomolecules, such as foodborne Salmonella antigen and its antibodies. For clinical and household use, the portable device must maintain stable detection: reagents were designed to be securely packed, and the LCD screen displayed contaminant concentrations. Every step is vital to improve the biosensor's parameters, so I hope to broaden my scope of knowledge on methods that tackle food safety problems by majoring in food science.

目前的污染物检测技术成本高昂、效率低下。因此，在两年的研究中，我致力于开发一种价格低廉、性能卓越的即时生物传感器。我研究了纳米材料的特性（如 TiO_2 PhC 逆蛋白石结构和 CdS 量子点），将它们进行配对，从而增强光发射，提高检测的灵敏度和准确性。这种系统经过改装后安装在工作电极上，通过与生物大分子（如食源性沙门氏菌抗原及其抗体）配对，可以选择性地检测污染物的浓度。为了适应临床和家庭场景的需要，便携式设备必须保持稳定的检测性能：试剂被设计成安全包装，而液晶屏可以直接显示污染物浓度。改进生物传感器参数的每一步都至关重要，因此我希望通过主修食品科学，进一步拓展我在解决食品安全问题的研究方法。

I aspire to upskill myself to become a food-

对所有人来说都同样重要。我关注该吃什么，而大多数人是在生病后才意识到食物安全的重要性，最终可能导致他们生病住院，甚至危及生命。

I went back to Beijing, it was a time of stress and unease when getting food supplies was difficult, not to mention having a diet. I took the opportunity to look deeper into improving food safety for the general public and did research into biosensors and healthy eating apps–which I plan to distribute and connect with people.

我回到北京后，因特殊原因，有段时间的食品供应变得很困难，更不用说维持日常的饮食习惯了。借此机会，我深入研究了如何改善食品安全，并研究了生物传感器和健康饮食应用程序。我计划将其推广，旨在帮助到更多的人。

tech entrepreneur. I'm excited to be part of statewide extension initiatives like..., where I can monitor foodborne contaminants in supply chains and learn about food safety technologies' industrial applications. I look forward to pitching my biosensor at the eLab and commercializing it for public access. As someone who values the cuisines of my heritage, I'm also open to joining the Food Venture Center to explore the development of nutritious food products. These social startup passions extend my advocacy work with my initiative, × × ×, where I distribute healthy meals, improve access to food safety AI-based scanners, and coorganize youth campaigns at the World Food Forum.

我渴望提升自己的技能，成为一名食品科技企业家。我期待加入某食品安全活动，我可以在其中监测供应链中的食源性污染物，并学习食品安全技术在工业领域的实际应用。我期待着在电子实验室向专家们展示我的生物传感器，推动其商业化，以便使更多人受益。作为一个重视传统美食文化的人，我也希望加入食品创业中心，探索营养食品的开发。这些社会初创企业的热情进一步拓展了我在某组织的公益活动：我们分发健康餐，改善食品安全 AI 检测系统的使用，并在世界粮食论坛上共同组织青年活动。

你感受到区别了吗？

唐同学的第一篇文书以个人经历为切入点，描述了他在春节期间食物中毒，以及在特殊时期保持饮食的挑战。文章的结论——"我们摄入的食物对我们成长至关重要"，更像是一个普遍性的观察，而非一个明确的使命。随后，他在文书中含糊地提到自己研究了生物传感器和健康饮食应用程序，但没有详细说明具体内容，这使文章显得缺乏深度和方向。相比之下，他优化后的新版文书将问题置于更广阔的全球背景中，强调食品污染仍是一个每年造成 40 万人死亡的公共卫生危机。这一转变至关重要，它不仅突破了个人经历的局限，更彰显了唐同学对食品安全问题的深刻认知，以及该问题在现实世界中的重要性和紧迫性。

此外，在唐同学的早期版本中提到，他抓住机会深入研究食品安全，并研究了生物传感器。然而，他并没有解释自己学到了什么，探索了哪些具体的解决方案。这让读者很难理解他是如何将热情转化为行动的。在他的优化版本中，他详细描述了自己的研究过程，包括纳米材料、量子点和抗原 – 抗体配对如何提升污染检测能力。此外，他还从试剂稳定性到液晶显示屏，详细讨论了设备的实际功能。这种具体性使得文章更具说服力，展现出他真正致力于解决问题，而并未停留在"感兴趣"的浅层次。

早期版本最明显的不足之一，是缺乏明确的未来发展方向。他表达了对食品安全的兴趣，提到希望与人们建立联系，但接下来呢？他的长期目标是什么？结尾并没有回答。文章将唐同学描述成一个经历过食品安全挑战，并希望探索解决方案的人。但遗憾的是，除了这种普遍的兴趣，他并未展示明显的个人特质。相比之下，在优化版本中，他将自己定位为未来的食品科技企业家，将科学研究、商业创新和公共卫生宣传融为一体，致力于解决全球性问题。如此一来，这篇文书不仅展示了他过去的成就，还描述了他将成为什么样的人——这正是能够打动招生官的关键所在。

怎样才能写出一篇出色的围绕"为什么"展开讨论的文书，或任何关于学术和职业抱负的文书？

关键在于申请人是否能勾勒出一张清晰的未来蓝图，并回溯到当下，再解释自己是如何一步步迈向这一目标的。我推荐采用以下结构：

1. 这是我的愿景——提出令人兴奋、大胆且具有前瞻性的目标，或清晰勾勒出我渴望成为怎样的人。
2. 这是我所做的——阐述我为实现这个目标，已经采取的行动（同时巧妙地提及我已经取得的成就）。
3. 这是我需要弥补的能力差距——阐述为了实现目标，我接下来需要学习什么，因此这个机会对我而言至关重要。

如果你以这种方式来回答"为什么"的问题，它自然会变得更具吸引力——文书不再是枯燥地解释兴趣，而是一段如何构建雄心壮志的故事。尽管你的愿景会随着时间的推移而发展变化，但相较于模糊的兴趣点，一个清晰且坚定的方向会更有说服力。一个大胆、清晰的愿景，会让读者对申请人的未来感到兴奋，而这种兴奋正是赢得录取机会、工作机会和投资的关键。

用创意和幽默让你的故事脱颖而出

说到应对具有挑战性的补充文书，我们不得不提到芝加哥大学。芝加哥大学以其怪诞、富有深度且想象力丰富的文书题目而闻名。与大多数大学围绕领导力、逆境或职业抱负等常规问题不同，芝加哥大学乐于打破常规，希望申请人进行深度的智力探索、抽象推理和天马行空的创造力发挥。每年，我都会看到无数学生被这些难以预测的文书题目吓倒，他们不知从何下手，最终说服自己这根本不值得尝试。

这种刻意的智力筛选，正是芝加哥大学想要的效果。

作为美国学术最严谨的大学之一，芝加哥大学希望选拔那些无所畏惧的思考者，而非擅长背诵知识点、整理流畅故事的申请人。这些奇怪的文书题目旨在测试学生的好奇心、独创性，但更重要的是，考察他们如何突破惯性思维。列举几个历年的经典题目："寻找××""苹果和橘子应该如何比较"，以及"什么能被零整除"。这些问题并不是考查学生能否给出"正确答案"，而是在邀请他们发挥创意、打破假设、构建论点，甚至在智力讨论中探索幽默。

它的优秀申请文书往往没有对错之分，并且展示了申请人如何应对未知世界，如何思考抽象概念，如何将看似毫无关联的想法编织在一起。如果申请人从文学、科学或哲学的角度看待世界，那么他们的文章就应该反映这一点。一位年轻的数学家在写"寻找××"时，可能会将其写成对未知事物本质的哲学探讨，探究数学、物理学和存在主义之间的交集甚至引入哥德尔不完全性定理和薛定谔的猫等理论。他可以进一步追问："××真的被找到，还是只是我们对确定性的幻觉？"与此同时，一个历史爱好者在回答"沃尔多到底在哪里？"时，可能会把文章写成对历史偏见、选择性记忆和叙事构建的深刻分析。他们或许会论证，沃尔多象征着历史上被忽视的人物——那些被宏大叙事抹去，或被主流视角所掩盖的边缘化群体。又或者，他们会从现代科技的角度切入，批判数字时代的监控社会，发出"沃尔多真的迷失了吗？还是他只是又一个被无处不在的数据追踪系统所牺牲的人？"的犀利质问。

这种对知识的无畏追求，使得申请芝加哥大学成为极具挑战性但又极具吸引力的事情之一。来看一道实际的题目：

如果月球是用奶酪做的呢？或者海王星是用肥皂做的？请选择一个天体，重新想象它的物质构成，并探索其中的含义。你可以自由探索物理、哲学、幻想……宇宙是无限的。

露露同学是申请芝加哥大学的睿深教育学生之一，她完美驾驭了这个题目。许多学生可能会思考一些宏大的形而上学的问题，或深入探讨天体物理学。但露露并没有。她的第一次头脑风暴会议并不严肃，而是一场荒诞的狂欢——小鸡行星、奥利奥陨石坑、饼干小行星带……她的大脑就像一个宇宙游乐场。我们问她："你想走深度路线，还是搞笑路线？"露露毫不犹豫地回答："搞笑，绝对搞笑。"作为一名未来的用户体验设计师，她的目标既不是在数学家前卖弄数字，也不是和哲学家较量思维。她想要的是魅力，是惊喜，更是能让招生官在早上喝咖啡时开怀大笑的细节。

但是，伟大的喜剧演员都知道，幽默是一种严肃的艺术。在构思文书的过程中，露露一直在打磨各种想法，从她喜爱的充满奇思妙想的书籍中汲取灵感，这些激发了她对奇幻世界的畅想。她想象着天上的糕点师制作宇宙甜点，想象着科学家计算奶油奶酪的引力。让我们来看看她的成果。

案例 8-2　露露同学文书案例

原文

People woke up to just another ordinary winter day, until they realized the world had become a cake. [1]Scientists and geologists quickly mobilized advanced diagnostic and sonar equipment, conducting scans, extracting samples, and trying to figure out what this "new earth" was. [2]The scientists were in for a sweet surprise. The crust of the earth had become hard icing, and below that, a layer of dark chocolate made up the first layer of the earth's new mantle. [3]The second layer was made of rocky Oreo crumbs sloshed with cream. The third layer of the mantle was made of cheesecake biscuit（I wasn't complaining）! [4]In short, the earth's mantle had morphed into a colossal Oreo. Drilling into the outer core, scientists discovered brown sugar syrup with tapioca balls - suspiciously like the ones in bubble tea! [5]It took a while to discover, given the depth, but the inner core of the earth was now a salty egg yolk ball with strange gravitational properties. At first, the scientific consensus was gloom - ecosystem dislocation would cause widespread loss of life, and the earth itself may implode, unable to handle the crushing weight, forces, and contortions the Earth has to deal with.

[1] 强冲击力开场：这句话瞬间颠覆读者预期，将其抛入一个荒诞的新世界。"平凡"与"蛋糕"的戏剧性反差，在幽默感、超现实氛围与沉浸感之间达成精妙平衡。

[2] 在荒诞中建立可信度：在异想天开的场景中使用技术性语言，通过巧妙对比让读者愿意暂时放下怀疑。

[3] 美味的世界观构建！露露同学将地质岩层比作蛋糕层次。这种创意描述充满感官细节，通过味觉与质感的联想调动多重感官。

[4] 第一人称与幽默运用出色！括号内容增添个性，轻微地打破第四面墙，拉近了叙述者与读者的距离。

[5] 惊人转折！将地核重新想象为珍珠奶茶的创意既出人意料又令人捧腹，标志着想象力的巅峰时刻。

参考译文：人们一觉醒来，本以为是一个普通的冬日，直到他们发现世界变成了一块蛋糕。科学家和地质学家们迅速调动先进的诊断和声呐设备进行扫描，并提取样本，试图弄清这个"新地球"到底是怎么回事。科学家们大吃一惊。地壳变成了坚硬的糖衣，糖衣下面的一层黑巧克力构成了地球的第一层地幔。第二层地幔是由奥利奥碎奶油组成的。第三层地幔是芝士蛋糕饼干（我个人对此毫无意见）！简而言之，地幔已经变成了一个巨大的奥利奥夹心饼。科学家继续钻探，深入地核，发现外核是红糖糖浆，还夹杂着木薯球——就像珍珠奶茶里的配料！由于钻探深度有限，科学家们花了很长时间才找到真正的内核，那竟然是一个咸蛋黄球。它还拥有某种神秘的引力特性。科学界一片哗然，初步结论是悲观的——生态系统失衡可能会导致大范围的物种灭绝，而地球本身也有可能因为无法承受自身重量、受到挤压和发生形变而直接坍塌。

Every day citizens descended into panic. The movie *2012* was sweet compared to this. [6]Some folks began to launch public initiative for a mass exodus to Mars or the Moon but realistically, we were still too technologically constrained to handle these foreign environments. World leaders introduced rapid bans on entering buildings above four flights as structural engineers waxed lyrical about the potential for mass building collapses given the shaky foundations. People were implored to not jump in synchrony in nightclubs or on music festivals. Architects got to work designing new building structures in a flurry.[7]

参考译文：市民们陷入恐慌。电影《2012》中的灾难场面，在现实面前都显得小巫见大巫。有些人开始发起公

[6] 双关语设计精妙！这句话在多个层面奏效：紧扣主题、幽默风趣，并通过文字游戏强化糖果主题。

[7] 通过具体细节增强荒诞感：既为离奇设定增加真实感，又用滑稽画面展现蛋糕世界对社会体系的深度影响。

众倡议，要求将大规模人口迁移到火星或月球，然而，人类的科技还远远不够支撑这样的行动。世界各国领导人迅速出台禁令，禁止人们进入四层以上的建筑物，因为结构工程师们强烈警告：在这样的地基上，高楼随时可能轰然倒塌。夜店或音乐节也被要求禁止集体跳跃。建筑师们纷纷着手设计新的建筑结构。

As adults panicked with adult concerns, children generally concluded that heaven had arrived. Viral TikToks of kids munching through the ground began to trend![8] Some brave kids decided to taste the soil and realized that it tasted like Oreo powder! More and more kids piled in the fun. As winter set in and snow fell, it was brave children with mouths wide open that quickly established that even the snow was sweet! Children stuffed their mouths with sugary snow as ice cream truck owners grew enraged as the sales were disrupted by free mother nature.[9]

[8] 巧妙植入现代元素：提及抖音上的视频，将幻想锚定在当代语境，混乱的画面精准吸引年轻读者。

[9] 精彩冲突设计：孩童的欢乐与冰激凌商人的挫败感形成对比，用幽默包裹社会批判。

参考译文：成年人的担忧与恐慌，在孩子们眼里完全是另一回事。抖音上涌现出大量孩子"品尝土地"的视频！一些勇敢的孩子决定尝尝泥土的味道，然后他们发现味道像奥利奥饼干碎！越来越多的孩子参与其中。冬天来临，大雪纷飞，孩子们张大嘴巴，他们惊奇地发现雪也是甜的！孩子们兴奋地往嘴里塞着"天然糖霜"雪花。而冰激凌车的老板们却心生不悦，毕竟免费的天然雪糕扰乱了他们的生意。

Despite the initial buzz, sinister sugary side effects began to surface. Children winced in agony as tooth decay set in as sugar overload reached new heights. Dental services were flooded. [10]As the snow started to melt, hordes of sticky ants were everywhere on the roads. Humans developed new

[10] 关键转折点：当"糖霜乌托邦"出现裂痕，露露引入蚂蚁危机——这是甜味世界的合理副作用，体现逻辑闭环。

pesticides to kill the ant hordes and take back the pavement. Nike, Adidas, and other big global sports brands launched stick-resistance shoes which drove their stocks to new heights. [11]Along with children, animals had also eaten way too much sugar, especially the poor herbivores who were now confronted with only Oreo options.[12]Some animals stopped eating plants immediately after the first bite and gradually starved, and some ate too much. Many animals grew chronically sick.

参考译文：然而，好景不长，糖的负面影响开始显现。随着糖分摄入达到新的高度，蛀牙开始大面积出现，使得孩子们痛苦不堪。牙科诊所应接不暇。随着积雪开始融化，道路上随处可见黏糊糊的蚂蚁。人类不得不紧急开发新的杀虫剂，试图夺回被蚂蚁占领的人行道。耐克、阿迪达斯和其他全球运动品牌抓住商机，推出了防粘鞋，使自身股价一路飙升。除了孩子，动物们也被卷入这场甜蜜的浩劫，尤其是可怜的食草动物，它们在吃下第一口奥利奥"植物"后，要么彻底放弃进食，活活饿死；要么管不住嘴，暴饮暴食，最终得了慢性病。

However, after a year, humanity adapted. Skiing on ice cream mountains became a common pastime. New sports were introduced to work with sticky floors for the summer Olympics. Bubble tea suppliers flocked to volcano sites, as the volcanoes became the main site for boba supplies.[13] The Dental industry grew vociferously due to skyrocketing demand dubbed the "Cavity Crisis".[14]With the rise in the consumption of sugar, gyms, and sport brands leaned into their role in combating the health crisis. Artists and food experts began to partner to create edible installations, using

[11] 对消费主义的戏谑：想象品牌如何适应蛋糕地球，滑稽地揭示人类将万物商业化的能力。

[12] 食物链崩坏的超现实演绎：在保持世界观荒诞逻辑的同时，增加情感风险。

[13] 黄金创意！围绕可食用地质学构建全新经济地理版图，展现天才级想象力。

[14] 头韵与新词运用出色："蛀牙危机"兼具讽刺新闻感与世界观深度，幽默与设定相融。

nature as a direct medium like never before. A new set of global issues emerged. Physical health issues became the greatest problem among people with obesity and diabetes surging as everyone gained access to free sugar. Global warming issues rapidly accelerated as the Earth was confronted with the melting of the land alongside the melting of ice caps. Outrage grew towards the Oreo company, but they were not benefiting either: their flagship product appearing for free on the Earth decimated their sales as people desired to escape its characteristic taste, not buy more of it. The future is bleak but geologists, engineers, food scientists, entrepreneurs, and public policymakers are trying to find solutions - who knew humanity would need a salvation from sweetness?[15]

参考译文：然而，一年之后，人类逐渐适应了这颗甜品地球。在冰激凌山上滑雪成了一种常见的消遣方式。夏季奥运会推出了针对黏糊地面的新型竞技项目。珍珠奶茶供应商纷纷涌向火山口，因为那里成为全球主要的珍珠奶茶生产地。由于"蛀牙危机"，牙科行业迎来了空前的繁荣。与此同时，随着糖分摄入量的增加，健身房和运动品牌抓住机会，开始积极推动全民健身，以对抗这场前所未有的健康危机。艺术家和食品专家也趁机合作，将自然变成真正的可食用艺术，并尝试打造前所未有的美食装置艺术。但一系列新的全球性问题出现了——健康问题成为人类面临的重大问题，肥胖症和糖尿病患者的数量激增。随着地球面临陆地融化和冰盖融化的问题，全球变暖问题迅速加剧。人们对奥利奥公司的愤怒与日俱增，但奥利奥公司也没有从中获益：它的主打产品免费出现在地球上，使它的销售量锐减。人们不再迷恋奥利奥的味道，也不想继续购买它。前路未

[15] 经典反乌托邦收尾的创新：通过列举非传统英雄职业，将现实主义、幽默与希望熔于一炉。以提问作结，优雅有力。

卜，地质学家、工程师、食品科学家、企业家和公共政
策制定者都在努力寻找解决方案。毕竟，谁知道需要将
人类从糖分之中拯救出来呢？

这篇文书之所以让人难以忘怀，是因为露露的个人风格——俏皮又犀利，轻松又不失深度。她邀请读者走进她的世界。"我无法超越哲学家，"她想，"但我能让读者发笑，也能让他们思考。"她的文书反映了她的个性：不怕与众不同，既特立独行却又让人倍感亲切。难怪招生办公室会记住她。毕竟，谁会忘记那个把银河系变成甜点车，还让人在阅读中忍俊不禁的学生呢？

创造力之所以重要，是因为其不仅关乎你的知识储备，还关乎你的思维方式。芝加哥大学想要的学生，不是只会按部就班地回答问题的人，而是能够发现意想不到的联系，愿意承担智力上探索风险的人。招生官每天要阅读成千上万篇申请文书，其中许多文书虽然内容优秀，却因为过于严肃、公式化，甚至千篇一律而令人审美疲劳。但是，一个恰到好处的笑话、一个诙谐的角度，或一个俏皮荒诞的想法，不仅能让文章脱颖而出，还能让人真正享受阅读的过程。

创造力和幽默感能让你的形象更加鲜活，变得有血有肉。许多申请人担心自己的文书看起来不够"聪明"和"成熟"，但幽默本身就能展现你的智慧和成熟。要做到风趣幽默，你需要建立意想不到的联系，理解言语的微妙之处，并巧妙地吸引读者的注意力。这些做法会让招生官感觉他们是在与一个真实、立体的人物对话，而不仅仅是在读一份个人陈述。更重要的是，这会让人对你的整个故事

印象深刻。人们会记住为他们带来欢乐的事物。幽默为文章增添了韵律和活力，让它看起来更像是一场对话，而不是学术练习。它表明你在写作时乐在其中，也让读者觉得有趣！

以愿景构建出发叙事，用创意和幽默点亮个人特质是自我营销的两个重要法则。无论是申请世界名校还是创业融资，真正打动他人的并不一定是华丽的履历，而是你如何将经历转化为引人入胜的成长故事。从强烈愿景出发的叙事，能赋予平凡经历非凡的意义。优质文书和路演的本质是展示"你眼中的未来世界"。当你能清晰地描绘"我要成为怎样的人，要解决什么问题"时，招生官和投资者看到的就不再是一个申请人，而是一个正在展开的变革故事。而创意与幽默，则是让故事穿透人心的秘密武器。正如露露用银河甜点车让招生官印象深刻，他们记住的不仅是她的幽默感，更是她敢于打破框架的勇气。在信息过载的时代，人们会忘记数据，但会记住让他们会心一笑的灵光。

数智力
与 AI 并肩作战，迎新求变

如何变 AI 工具为你的总裁助理和高级参谋，
提升学习速度并释放创造力，在激烈竞争中抢占先机

我在斯坦福商学院最喜欢的课程之一，是在硕士一年级冬季学习的"产品发布"，这是一门以案例为基础的市场营销课。整门课围绕一个简单明了的问题展开：你是否应该推出一款产品？如果是，如何成功推出？学生需要评估市场格局，了解客户需求，进而评估商业模式的可行性。

每堂课都要求提前预习，包括阅读 20 页的案例及相关背景。有时，我们还需要做定量分析，以检验最初的假设。让我印象深刻的一个案例，是围绕 Opendoor 展开的。Opendoor 是一家总部位于旧金山的在线房地产平台，它试图颠覆传统的房屋销售流程，为卖家提供一个极简的替代方案：无须再找中介挂牌并进行长达数月的谈判，只需将房产详情上传到网站，就能收到即时的现金报价。这种模式既快捷又方便，在美国凤凰城等地广受欢迎。

在这个案例中，老师要求我们考虑 Opendoor 是否该将业务扩展

到平均房价更高的洛杉矶。与那个学期早些时候的一些定性案例不同，这个案例附带了一份繁杂的电子表格，包含来自美国 20 多个大都市地区的数据。这些数据包括从挂牌价中位数、库存水平到平均上市天数和月销售量等所有内容。我们的任务是分析这些数据并给出结论：Opendoor 是否能成功进军洛杉矶？

上课的前一晚，我进行例行的课前准备，一头扎进案例文件、电子表格中，分析一些基本的汇总统计数据。起初，我非常自信，这是一门市场营销课，电子表格相关的任务能有多难？当我需要研究趋势并找出模型来支撑我的想法时，事情变得棘手起来。

虽然我可以毫不费力地完成创建趋势线图表和构建简单对比表格等基础工作，但我并不是一个电子表格的熟手，无法轻松利用大量数据进行复杂分析。在睿深教育，我有聪明的分析师来处理深层次的表格工作。这个案例中的数据很混乱，图表绘制的格式设置也并不简单，数据范围非常奇怪，这让构建可视化数据变得比预想的要复杂得多。

我又试了几次，包括尝试新的图表模板、调整数据范围和重新组织列表，但总是走进死胡同。看了一眼屏幕右上角的时间，我意识到从我开始准备这个案例到现在已经过去将近 1 小时，而我几乎没有取得任何实质性的进展。

也许我该放弃它？毕竟，这不是一个评分作业，而只是一个普通的课前练习。反正明天教授也会给我们分析电子表格。我只需认真听课，做好笔记，就能掌握要点。

就在我准备关闭电子表格，继续处理日程表的下一项任务时，

我想起我当时正在上的另一门课——"大数据中的商业智能"。在这门课上，我们学习使用 Python 这类的编程语言来分析复杂的数据集。不过，这门课并不是教我们编写代码，而是教我们如何利用 AI 来提高编程效率，因为这门课更注重传授解决问题的概念和框架，而不是代码本身。为什么不从这个角度来处理这个案例呢？这是一堂营销分析课，而不是电子表格训练营。我的学习目标不是记住电子表格的各项功能，而是利用提供的数据做出合理的商业决策。

我从微软的电子表格换到了 Cursor，这是一种专为数据科学家和开发人员打造的 AI 代码编辑器。它集成了 ChatGPT 等大型语言模型，你不需要从头开始编写每一行代码，只需描述你想要的东西，它就可以在几秒钟内生成、调试和完善你需要的代码。换句话说，它就像你身边的一个经验丰富的软件工程师，能接收你的指令，并以闪电般的速度满足你的要求。

我对数据进行了清理，将其直接加载到 Cursor 里，并详细描述了我希望实现的目标。AI 立即开始生成 Python 代码，几分钟内，我的屏幕上就出现了一行又一行的功能代码。这些功能代码对烦琐的房屋交易数据进行了分析。作为一个在本科期间主修计算机科学的人，我很清楚以前编写和调试一个只有几行代码的功能要花费多长时间。现在，我看到数百行彩色代码整齐地呈现在我眼前，它们毫不费力地给出了我所需要的结果。

很快，图表开始生成，包括柱状图、饼状图，甚至还有一张热图。这张热图将洛杉矶的房地产价格与其他大都市地区的房地产价格做了对比。原本感觉一团乱麻的数字，突然变得清晰多了。很明显，虽然洛杉矶是一个巨大的、极具潜力的市场，但它有着严重的连锁问题。一旦我调整了 Opendoor 的经营范围（通常是价格在 10万～50 万美元之间的住宅），洛杉矶的可寻址市场就会急剧缩小。我起初的直觉本是进军洛杉矶，但很快这个不成熟的想法就被更细致入微的数据所否决。

第二天上课时，我感觉比平时准备得更充分。在被点名提问之前，我举起了手，陈述了我的理由。那一刻，我神采飞扬，本来已经打算放弃的案例在 AI 的帮助下开启了更深层次的分析。如果没有AI，我要么再花几个小时手动处理电子表格，要么在没有完成分析的情况下听完教授的"填鸭式"授课。

AI 席卷了学术界，甚至整个世界。ChatGPT 的问世就是一个突破时刻，随之而来的是潮水般的浪潮：GPT-4.5、o3-mini、Claude 3.7 Sonnet、LLM 和 DeepSeek 等。每一个新模型在推理能力方面都更快、更敏锐、更复杂。令人惊叹的是，这些工具从实验型新品，迅速发展为当今数字环境中许多人高效工作或学习的必备工具。

在斯坦福大学，我切实感受到了这种转变。我看到同学们用 AI 集思广益，提出创业项目的想法，完善商业计划，调试代码，撰写投资者方案。有人甚至开玩笑说，ChatGPT 已经成了他们的助教或联合创始人。**的确，对于那些具有战略眼光和明确目标的学生来说，AI 完全可以作为认知增强器，通过扩展人类的认知带宽并加速其反馈回路，显著提升智力效能。**

当我们中的一些人在庆祝 AI 的强大时，另一些人则越来越感到不安。斯坦福大学的一位朋友直言不讳地告诉我："我担心自己会越来越笨。"他解释说，每次遇到难题，无论是会计学还是微观经济学，他都会把问题复制粘贴到 ChatGPT 上，得到一个还不错的答案，再把答案复制粘贴回笔记。那一刻，他觉得这样做的效率很高，但一学期结束后，他发现已经想不起自己如何回答作业里的问题，因为他并没有真正接触过课程资料。他外包的不仅仅是题目，还有思考本身。

这是 AI 在教育领域带来的第一个真正的危险：它为学生提供了一条简单的路径。数十年来，考试、论文、习题集和课前阅读一直是学习过程中的阻碍。这套刻意设计的机制，目的是促使学生与观点博弈、挑战自己的假设。但有了 AI 后，学生只需复制粘贴问题和答案。从理论上讲，AI 本应将人类从重复性劳动中解放出来，让我们从事更具创造性、更有意义的工作。然而在这种教育背景下，情况恰恰相反：我们把创造性劳动交给了 AI，却把非创造性活动留给了自己。长此以往，人类的智力耐力可能会像闲置的肌肉一样逐渐萎缩。

这并不是我悲观的猜想。心理学中有一个现象叫"认知卸载"（cognitive offloading），指的是依靠外部工具来完成大脑原本可以自己完成的任务。事实上，我们一直在某种程度上像计算器一样卸载认知。当卸载成为习惯，我们的认知能力就会开始减弱。大量实证研究表明，过于频繁地将脑力劳动可视化会导致内源能力的下降。例如，1998 年威尔士大学的奥哈拉和佩恩发现，过于依赖数字工具解决问题的人，在需要内源推理的转移任务中表现明显较差。2019年，滑铁卢大学的凯利和里斯科证明，那些认为自己可以获得外部资源的参与者，尽管接触的单词数量相同，但对单词表的记忆并不那么准确。对"卸载"的预期本身导致了记忆编码的懒惰。换句话说，只要知道有一台机器在替你思考，你的大脑所付出的努力就会改变。

SBS 瑞士商学院的迈克尔·格利希（Michael Gleich）组织的较新研究揭示，对 AI 工具的依赖程度越高，批判性思维就越低。通过对 600 多名参与者进行定量数据和深入访谈的综合分析，他发现大量使用 AI 的用户，尤其是 17 ～ 25 岁的年轻用户，在批判性评估信息和反思问题方面的能力明显下降。原因何在？认知卸载。人们越是依赖 AI，就越不可能深入研究材料，他们的长期认知表现也就越弱。

这种讽刺现象怪异又令人不安：我们的工具越先进，我们自己的脑力活动就越可能越倒退。从 1984 年的《终结者》到 2023 年的《碟中谍 7：致命清算》，几十年来科幻电影一直在描绘一幅令人不寒而栗的未来图景：AI 将统治世界，而人类沦为机器的附属品。当学生依靠 AI 来思考和写作，在复制、粘贴和提交时，不就是在为我们的"数字霸主"做秘书工作吗？

这正是一些老师选择完全禁用 AI 的原因。他们认识到，这一代学生虽然可以提交看似完美的作业，但实际理解能力并不强。他们担心，如果学生总是默认使用机器，就永远学不会独立思考。在讨论是否应该在学校禁用 AI 之前，这一举动已经表明，在一个获取答案比以往任何时候都轻而易举的时代，人们会对保持学习完整性的现实感到焦虑。

不难看出，我们今天正面临一个深刻的悖论。AI 让任务变得更容易，但也让我们更容易跳过学习需要的真正努力。这是产出与过程、速度与质量以及答案与理解之间的矛盾。毫无疑问，AI 在作为导师、模拟器或思维伙伴时可以加速学习，因为它可以让抽象的概念更加具体，并以教科书和讲座无法企及的方式提供即时反馈。然而，如果不加以批判地使用，AI 也可能成为一种依赖，可能削弱我们的好奇心，影响我们的长期学习效果。

无论是教育工作者，还是学生或家长，都不能对 AI 的快速发展及其在教育领域的渗透缺乏明确的应对措施。有些老师不问学生如何使用 AI，也不问具体原因，就直接将 AI 辅助写成的作业视为作弊。我甚至听到有老师建议，我们就假装 AI 不存在。然而，这种故意的忽略不是保护，而是一种掩耳盗铃式的麻痹。

今天在学校禁用 AI，就像多年前禁用某搜索引擎一样。就好比说："我们希望学生保持好奇心，但不会让他们快速搜索答案！"想想看，在使用搜索引擎前，如果你想快速找到问题的答案，就必须跑到图书馆，翻阅教科书，采访专家，甚至要等上好几天才能拿到期刊。1998 年，谷歌横空出世，你只需敲几下键盘，就能找到世界上的大部分知识。这是学习的终结吗？不，这是建立在无障碍和高效率基础上的新型学习的开始。

AI 是这种转变的下一个发展阶段。除了检索信息，它还能根据你的理解水平进行综合分析、语境化处理、解释和调整。完全抵制它，既不理智，也不现实。我们不应盲目将 AI 拒之门外，我们的目标应该是想办法教会自己如何用好 AI。

幸运的是，一些学校已经在朝这个方向努力。在斯坦福大学，我看到教授们做出的转变：他们不拒绝 AI，而是重新编写考题。他们把作业布置得更复杂、更有创意。在我们的优化课上，一位教授公开说："我知道你们大多数人都在使用 AI，这没问题。但我的期望也会更高。你们需要做出更先进的模型，你们的分析也要更敏锐。你们解决方案的质量需要远远超出 AI 本身所能产生的效果。"另一位教授甚至承认，他将今年的试卷难度大大提升，如果是在 5 年前没有 AI 的时候，多数学生都会挂科。在 AI 的帮助下，学生们被迫比以前更努力了。

这就是我所看到的未来：一个门槛更高的公平竞争环境。现在，每个人都可以使用 AI，但你如何使用它将会决定你的表现水平。我们有选择吗？当然有！要么，我们低下头，固守老一套的规则，希望保留一个已经不存在的教育版本；要么，我们可以清醒地迎接这一转变。我们不应再问"我应该使用 AI 吗？"，而应该开始回答，"我们怎样才能利用 AI 进行更深入的思考和更有意义的学习？"

让 AI 为你所用：免费雇一个"AI 搭子"

如今，AI 的优势之一就是能快速综合复杂信息。试想一下，要阅读和理解一篇长达 50 页的关于发展经济学或第二次世界大战历史的研究论文。如果没有辅助工具，光是提取关键论点和记下研究结果就得花至少一下午的时间。然而当你把文件上传到 DeepSeek 时，学生可以在几秒内看到这些论文的详细摘要，并抓住重点。如果有必要，AI 甚至可以将专业语言翻译成更易懂的内容。这种加速功能对于那些同时学习多门课程，并需要在截止日期前完成学业的学生来说非常方便。

AI 擅长将重复性的机械任务自动化。它可以誊写演讲稿、整理会议记录、纠正语法错误和规范引文格式。对于学习基础计算机科学的学生来说，它可以帮他们编写和调试程序，甚至根据简短的提示生成整个函数。还记得我在斯坦福大学处理产品发布数据的经历吗？当我在处理电子表格数据碰壁时，Cursor 中的 AI 帮我在短时间内编写了数百行 Python 代码。它将一项令人沮丧、耗时长的任务变成了分析和洞察力方面的扎实练习。对于由总结、编程、排版和审阅组成的日常学术工作，AI 可以起到事半功倍的作用。

但我们要清楚的是，AI 并非无所不能。如今，大多数生成式 AI 系统都是建立在所谓的大型语言模型之上。尽管这些模型在某些情况下看似在"思考"，但也并未真正像人类那样"思考"。大型语言模型并不是理解意义的工具，而是基于海量数据训练出的预测性文本引擎。从技术上讲，它们是概率模型：给定一串单词，就会预测很可能出现的下一个单词，然后是下一个以及再下一个单词。这就是它们的主要工作，即根据统计结果预测下一个词。这使它们的输出语法连贯、文体流畅，但也解释了为什么它们往往缺乏原创性或真正的理解力。

这种根本性结构也导致了 AI 最引发争议的问题之一 ——幻觉，而科学家们一直在努力攻克这一问题。由于 AI 并非"验证"事实而是在根据自己学到的模式生成听起来似是而非的句子，它有时可能编造信息。如果让 AI 引用一篇 1987 年的心理学论文中的一段话，它可能会编造出格式完美的参考文献，引用一些根本不存在的研究，甚至可能用假标题错误地引用真实作者的作品。这使得它在学术来源、事实核查或提出基于证据的论断方面变得非常不可靠。你不能假定它所说的一切都是真的，即使它听起来非常完美和令人信服。

此外，由于大型语言模型是根据互联网上已有的文本进行训练的，因此它们本质上是在回顾过去，而不具有前瞻性。他们是已有言论的镜像，而不是新思想的引擎。它们可以重新混合、重新包装和重新构思，但不会产生原创性的见解。如果你要求 AI 对使用算法评估医疗保险索赔的道德影响提出独特的见解，它很可能会给你一个从不同角度得出的平平无奇的总结，而不是真正的全新解读。这种需要洞察力的飞跃仍然属于真正的人类思想家。

在本科时期，我非常喜欢看美剧《金装律师》。该剧以纽约一家高级律师事务所为背景，讲述了敏锐、时尚的律师哈维和他不按常理出牌的门徒迈克的故事。然而，剧中最受喜爱、不可或缺的角色之一不是律师，而是哈维出色的助理唐娜。

唐娜不是普通的助理。她聪明、机智、敏锐、能干，总能在哈维开口前就预料到他的需求，以军事化的方式精确安排他的日程。哈维可能是纽约最知名的律师之一，但如果没有唐娜，这台运转良好的"机器"也可能分崩离析。

唐娜不仅能处理后勤工作，还能提高人员的工作效率。从很多方面来说，她都是领导梦寐以求的助理。对于各行各业的创始人和首席执行官来说，有唐娜这样的助理在身边，他们的工作效率和能力会大不一样。包括大学在内的许多组织都认为，对于他们的领导和教师们来说，助理不是点缀，而是必需品。助理帮助管理每天分散领导和教师们注意力的大量任务。除了管理日程安排、整理文件、拟写函件和誊写会议记录等基本任务，高效的助理还能帮助高管优先处理最重要的事情。

就拿我自己的经历来说吧。在过去的 5 年里，作为睿深教育的联合创办人，我有幸与我的助理小倪共事。小倪非常了解我的工作节奏，能够让我在加快工作进度的同时，又不会忽略重要问题。她帮助我优化日程安排，跟踪关键绩效指标，推进高度优先的项目，并协调内部和外部沟通。此外，她还经常在与客户会面之前帮我准备重要文件。她的帮助确保我减少了处理后勤工作的时间，能够把更多的时间花在公司运营上。

有一个得力的助理听起来的确很便利，但是对于大多数学生或初入职场的人来说，雇用一名全职助理的想法似乎有些离谱。

然而，这种情况正在发生改变。随着 AI 的崛起，学生利用这一尖端技术的最有力的方式之一就是将其视为自己的助理。现在，你无须费力地寻找和面试，就可以立即获得一个快速可靠、训练有素、专业且全天候可用的助理。这就好比在你的口袋里或办公桌上有了自己的"唐娜"，AI 不仅为你省去了昂贵的薪水，还避免了办公室的八卦。

开完会后写跟进邮件曾让我的工作效率大打折扣。有时，我想总结会议上的谈话内容，提出下一步措施，或对给我发来建议的员工做出详细的答复。但这些事情往往会被推迟或被搁置，因为撰写一条深思熟虑的信息可能需要 20 分钟或更长时间。我需要坐在那里思考精准措辞，同时明确语义和更正错别字。

如今，我只需要向 AI 提供往来邮件和要点（有时通过打字，有时通过语音），就能快速获得我想要的邮件或信息。借助语音转文本功能，我可以在步行去开会或上下飞机时以比打字快得多的速度完成与 AI 的交互。AI 非常善于快速生成精炼的草稿，然后可以由人进行调整，并点击发送。过去需要花费半个小时的工作现在只需要不到 5 分钟。除了提高工作效率、节省大量时间，AI 还让我在与他人沟通时反应更迅速、更有亲和力。

对于试图寻找导师、建立人际关系、寻求学业帮助或争取课外活动机会的学生来说，提升文字沟通处理效率极有可能会带来质的改变。无论是给老师发邮件沟通作业问题，还是向教授了解研究助理的岗位，还是向学长请教面试的诀窍，及时、恰当的沟通是关键所在。然而，保持邮件或信息沟通的一大瓶颈就是时间。如果你每周要写 10 封电子邮件，其内容都要深思熟虑、条理清晰，这可能会耗费你几小时的时间。这也是一些人最后放弃跟进的原因之一。

现在，AI 轻松地打破了这一瓶颈。在将主要观点传达给 AI 后，你可以再突然扩大沟通范围，增强沟通频率。你可以在过去写 2 封邮件所需的时间内，轻松发出 20 封邮件。对于我来说，如果我想联系所有的客户，或向一群同事发送定制的消息，我可以委托我的行政助理小倪来完成。如果你没有自己的行政助理，AI 就可以填补这一职位空缺。只需向 AI 快速输入一些信息，你就可以联系到更多的人。从长远来看，这会带来更紧密的联系、更多的机会以及产生更大的影响。

对于经常要一天参加 8 ～ 10 场会议，同时还要完成多项任务的我来说，记笔记绝对是一场噩梦。无论是上课、组织学生社团活动，还是与导师叙旧，学生们的日程有时紧凑得让人喘不过气来。比起时间安排本身，真正的挑战在于你是否确保能记住要点。每一次会议、每一次谈话、每一次讲座通常会有你不想错过的内容或者需要跟进的事项。如果没有详细可靠的笔记，你难免会有遗漏。你可能会忘记老师们在课堂上强调的核心论点，但这些正是你写作并提交下一次作业所需要的。你可能混淆了化学竞赛和科学展的提交截止日期，从而一不小心错过比赛或展览。不能记下重要事项是做出错误决定的原因之一，丢三落四的行为既会降低别人对你的信任，也会影响你在课堂或者工作中的表现。

一边开会一边做笔记听起来似乎简单，但做起来有时非常困难。在一场频繁沟通的会议里，你要同时聆听、思考、记录和发言。更糟糕的是，几天后再翻看这些笔记时，你会发现潦草的记录可能变得支离破碎甚至无法辨认。笔记留给你的是一堆杂乱的要点、零散的句子和缺失的上下文。随之而来的，是困惑和压力，甚至深深的挫败感。

AI 彻底改变了这一点。如今，我使用电脑或者手机里的工具自动记录会议内容。每次会议结束后，我都会快速下载会议转录稿并将其提交给 AI，以生成系统性的摘要。我不仅可以获得静态的详细总结，还可以动态地跟进 AI，要求它围绕特定主题提取要点。比如我向 AI 提问："关于下一场市场活动，每个团队成员分别提出了什么建议？"然后我就能从转录稿中得到准确的答案。这就好比每次开会时都有一个随叫随到的助手，他能准确无误地做笔记，并随时准备汇报。

在使用 AI 进行会议摘要之前，尽管我有助理小倪的帮助，但让她参与我的每场会议并不现实，因为她还有更重要的工作要做。如今，我可以不再依靠自己或小倪的手动笔记，也能确保每次重要谈话都被精准记录。借助 AI 捕捉和总结讨论内容，我的遗漏和错误更少了，后续工作更加高效，同时我做决策也更加踏实和放心。

对于学生来说，AI 的这一用途非常广泛。你可以毫不费力地记录你的辅导课程、导师电话，与朋友的学习会议，同时还能在日后及时总结回顾。你不再依赖于个人记忆或内容凌乱的笔记本，而是建立一个完全可搜索、结构整齐、易于复习的个人档案，这将使你的学习更加可靠和连贯。

利用 AI 深度研究并洞见世界

在能进行实时研究的 AI 工具出现之前，我和许多人一样，每天都要在谷歌、百度等搜索引擎上花大量时间，费尽心思地寻找有价值的课外活动信息，或者评估睿深教育技术研发工作投资收益率的参考案例。然而搜索引擎虽功能强大，却需要你投入极大的耐心和时间——你可能在搜索栏输入问题后得到多页结果，但这只是搜寻的开始：点击无数的链接，扫描大量文本，评估信息来源，过滤无用信息，识别真正相关的内容，最终才能将结果汇总成有用的东西。

当搜索主题变得更小众和细致时，例如为在哈罗公学读书的学生编制一份解决伦敦住房危机的非营利组织名单，或为睿深教育调研在美国开设新学校的城市，传统搜索引擎的效率就会显著降低。我需要花费数小时甚至几天来梳理海量的文档、过时的网页和七七八八的文件，最终只得到一些零碎的信息。这个过程让人感觉像在数字大海里捞针。

现在，新一代 AI 工具正在简化这一过程。在这些工具中，我经常使用 AI 的"深度思考"功能，它并非简单地从静态数据生成文本，而是可以代替人类检索、推理、分析海量在线内容（包括文本、图片和数据库），并在新信息出现时智能切换。这样就产生了一个动态的自适应工具，它可以在十几分钟内完成手动操作需要几小时到几十小时才能完成的工作。从本质上讲，它的功能与经验丰富的分析师相同：领导只需提出问题，它便能根据相关数据提供精准的讯息和多元的建议。

例如，你只需输入"运营一个具有影响力的投资播客频道的最佳做法是什么？"这样的指令，它就会给你提供一份全面的报告，包括对类似播客频道的市场分析、拟可邀约嘉宾的名单，以及具体每一期中你可以探讨的关键点。这相当于一个全职策划团队在为你服务，向你提供决策所需的确切信息。"深度思考"的强大之处不仅在于能获取表面的信息，还在于能帮助你发现信息中的规律和矛盾点。它在很多方面学会了人类分析师的认知流程，但速度和可触及的范围已远超人类。

这种"代理式"或"自主式"AI 对学生来说非常有价值。想象一下，你正在计划去西南山区开展社区服务，想调研当地医疗保健和公共卫生系统的情况，以及了解可参观或做志愿者的地方。你的

AI 代理可在短时间内编制一份分析报告，比较各地区的医疗保健服务，列出相关医院和慈善机构，甚至为你提供在实地考察时要问的问题建议。

我的另一个学生也是这项产品的忠实用户。作为一名充满热情的年轻摄影师，他发起了一个为福利院的儿童免费拍摄生日照片的公益活动。通常情况下，类似的课题会从枯燥的基本任务开始：查看是否已有类似活动，四处打听并搜索福利院、孤儿院和其他儿童关爱机构的名称和联系方式，然后精心制作宣传信息。但是，他并没有花费数周的时间来手动完成这些调研，而是利用 AI 代理快速整合了一份有针对性的潜在合作机构名单。随后，他用 AI 生成并发送了几十条个性化的信息，并在几天内就约到了第一个会议。还记得"执行是关键"吗？这位同学迅速地从规划阶段进入执行阶段。最终，AI 的核心价值体现在缩短了想法与执行之间的距离，让学生能够更快地进入角色。

与 AI 结伴而行：获得全天候即时有效反馈

大家可能还记得我在第六章中说过，我喜欢潜水。我还记得在三亚第一次背上潜水氧气瓶时，我感到极其紧张。我那时几乎不会潜泳，更别提潜入海底了。教练给我套上一个叫作浮力控制装置的背心。我像一只正在接受训练的企鹅，蹒跚着向水里走去。

当我潜入海底，在向导的帮助下稳住身体时，外面嘈杂的世界渐渐消失了，我感觉自己像插上了翅膀在海底遨游。鱼儿从我身边游过，动作优雅而流畅。五彩缤纷的珊瑚在我脚下绽放，一派宁静祥和。

我被潜水的魅力深深地吸引住了。直到几年后去巴厘岛时，我试图在潜水方面进一步探索。当时我刚结束一场峰会，决定暂时留下来考取国际专业潜水教练协会的证书。通过网上搜索，我找到了一位名叫亚迪、有近 20 年教学经验的本地潜水教练。在登巴萨一条小巷子的潜水店里，我与他第一次见面。他幽默又专业，即使我背上绑着沉甸甸的氧气瓶，他也能让我立刻感到轻松自如。

亚迪从浮力控制、装备检查和水下手势等基础内容开始教学，很快摸清了我的节奏和学习风格。每次下潜前，他都会帮我复查设备，根据海况和我的进度调整潜水点。在用淡水冲洗装备时，他还会向我讲解潜水安全规程。他时刻监测潮汐、能见度和当地天气预报，确保我在水下能获得极佳体验。

亚迪也是我在深海中的同伴。深潜时，通常要和当地向导或伙伴一起下潜，以便在发生意外时互相照应。亚迪非常认真地对待伙伴这一身份。一旦潜入水下，他就在稍前方带路，时不时回头看我一眼。他帮我保持沉着冷静，用细微的手势纠正我的姿势，并提醒我注意那些我独自一人时可能会错过的海洋生物，如蝠鲼、鸳鸯鱼和裸鳃鱼等。亚迪总是知道，在哪里可以找到它们。

每次潜水后，我们总会一边在海边喝着冰镇椰子汁，一边进行复盘。他会告诉我哪些地方做得好，哪些地方可以改进，比如呼吸节奏不对，或者浮出水面前的"安全停留"时间不够。他不仅教我怎么潜水，更给我提供了一个框架，让我自信、安全地探索未知。他的反馈既周到又实用，让我从新手变成了经验较为丰富的潜水员。而且，他的陪伴和在水中的镇定自若，让原本紧张的潜水体验变得轻松快乐起来。有他在，我每次潜水都更顺心、更踏实。他就是我的副驾驶和向导，帮我在深不见底的茫茫大海里畅行无阻。

无论你在学潜水还是学微积分，如果有一个像亚迪这样的人指导你，那就太完美了。除了把 AI 当作助理，你还可以把它当成伙伴。比如你正在为物理考试复习，为你的"国家历史日"参赛课题做准备，或在学校筹备新的社团，AI 都能成为你强有力的向导和参谋，帮你出谋划策，并在事后与你进行复盘。

有经验丰富的人在身边，为你提供实时的引导和反馈，这将进一步加速你的成长。我一路上遇到很多这样的引路人。例如，小学时教我音乐的鲍老师，总是耐心地陪我练钢琴，指导我练习音阶和复杂的曲目；初中阶段教我英语的廖老师，一遍遍地为我解释陌生语法，在我做错题时，帮我分析做错的原因；我的飞行教练拉希卡，一丝不苟地指导我完成飞行前的检查表，并在每一次落地后给我清晰的反馈，让我的飞行更安全。我所有的指导老师或学习伙伴都有一个共同点：他们的实时反馈加快了我的学习进度，同时也减少了我学习过程中的孤独感。

然而，要找到一个既有时间又懂专业知识，还愿意在你身上花时间的人，不是一件容易的事情，不过 AI 可以从根本上改变这一现状。如今，除了老师和教练，每个学生都能获得由 AI 驱动的实时指导。大型语言模型可以让 DeepSeek 成为一个永远在线的、超个性化的学习伙伴，它不会对你感到疲倦，也不会对你评头论足。无论是三角函数还是光合作用，无论是辩论还是创意写作，它可以在不同领域测试你目前的水平，指出你的问题，并给出提升的建议。

许多学生都有这样的经历。刚考完试或交完作业时，你坐在那里，不断回想着每一个答案，琢磨成绩会是多少，老师会怎么评价，哪些地方做对了，哪些地方又可能做错了。这种既好奇又焦虑的复杂情绪，正是由人类对反馈的深层需求所驱动的。我们渴望得到反馈，因为它能告诉我们自身所处的位置，肯定我们的努力，纠正我们的错误。最重要的是，它能帮助我们不断进步。

反馈是成长的核心动力之一。无论是学习解决重力场问题，还是撰写关于国际贸易政策的议论文，它都是一面镜子，反映出哪些方法有效，哪些方法无效。众多教育研究都强调了反馈对学习的促进作用。教育捐赠基金会的一项针对 14 000 多名 5 ~ 18 岁学生的研究核心问题是：单纯的反馈对学生的学习成绩有何影响？研究结果很明确：在数学、科学和语言等学科中，接受反馈的学生的成绩优于未接受反馈或只按照常规课程学习的学生的成绩。研究人员还发现，某些类型的反馈会产生更强的效果。例如，同时涉及学习结果和学习过程的反馈（即不仅告诉学生对错，还帮助他们理解原因和方法）通常效果更好。此外，即时反馈比延迟反馈更有效，由老师或 AI 工具提供的个性化反馈，比相对宽泛的评论更有帮助。

这些发现与新西兰学者约翰·哈蒂（John Hattie）和海伦·廷珀莉（Helen Timperley）的研究不谋而合。作为墨尔本大学的教育学教授和教育研究所所长，哈蒂和他的共同作者、在奥克兰大学任教授的廷珀莉建立了颇具影响力的反馈模型，将三个基本问题区分开来：我要去哪里？我要怎么做？下一步是什么？反馈可以帮助学生明确目标，评估当前表现，并规划前进的道路。这些研究与我们对生物和人工系统学习过程的理解相吻合。大型语言模型之所以如此强大，是因为它们是在海量数据集上训练出来的，并通过强化学习不断更新。如前所述，这些模型会根据概率预测句子中的下一个单词，但它们通过接收来自人类评估者或策划数据集的反馈来学习哪些预测是准确的，哪些是不准确的。它们通过犯错、接受纠正和改进输出变得更"聪明"。

这正是人脑的工作原理。神经科学表明，及时、具体的反馈对于建立神经连接和强化学习至关重要。你越快发现问题所在以及解决方法，就越可能记住它们并下次应用。人类的认知在即时反馈的循环中茁壮成长。当你投篮不中时，你就会调整姿势；当你写作文时，老师指出薄弱环节，你就会改进写作方法。反馈越快、越具体，改进也就越快。相反，如果学生跳过反馈环节，他们就可能错失改进的机会。

然而直到最近，获取反馈还是一件"奢侈"的事情：它既昂贵又耗时，而且不是随时都能拿到的。如果你想得到详细的作文评语，可能要等上几天或几周，因为老师需要时间来阅读你的文章。如果你在学习数论，花几个小时做完练习题后，却没有人批改，你怎么知道自己的逻辑是否站得住脚？

许多睿深教育的学生经常遇到这种情况。尤其那些母语不是英语或更偏向于理工科的学生，他们在英文写作方面都很吃力。很多人觉得，要成为优秀的作家需要大量的天赋和创造力，但我认为，与数学类似，写作也是一种需要持续练习的技能。然而，没有反馈的练习就像在黑暗中练习射箭。你可能会有所进步，也很可能只是在强化自己的错误认知或者坏习惯。

AI 凭借其强大的文字处理能力，让写作变得不再困难。你可以将写好的作文复制、粘贴到 AI 聊天窗口并立即获得反馈。与简单的语法检查程序不同，AI 不仅能够识别错别字，还能理解文本的语境。根据我个人使用 AI 提升写作的经验来说，AI 可以清楚地指出我的哪些论点含糊不清，哪些论点论据不足。它可以轻松举出一堆更有说服力的例子来增强论点，或者为表达不自然的句子提供多项替代性措辞。虽然 AI 不会一夜之间把你变成莎士比亚，也无法像经验丰富的写作导师一样教会你如何淋漓尽致地表达，但它可以成为你写作练习的全天候陪练，这是极负责任的老师也难以做到的。

更重要的是，AI 可以帮助你提升的远不只写作。无论是为你下周一的辩论提供论据，还是解决计算机课后的编程问题，AI 都能提供关键性建议。如果你不明白为什么正确答案是 C 而不是 B，可以请它解释原因。如果你想让你的演讲稿更有感染力，也不必等别人读完你的草稿并做上标记，两周后再反馈给你。你可以直接复制粘贴你的演讲稿到 AI 并询问："哪些地方有用？哪些不行？怎么改得更好？"

当然，你需要谨慎来理解和使用这些反馈。AI 并不完美，比如有时它给出的建议很笼统，缺乏针对性。但话又说回来，人类也一样，没有哪位老师或教练是完美的。**提升学习力的关键是要养成寻求反馈的习惯，保持好奇心去审视自己的工作，并谦虚地纠正错误。别再摸黑前行，把 AI 当作房间里的另一个人——一个思维敏锐、随时准备出手相助的伙伴。**

用 AI 点燃你的创意引擎

在讨论了如何使用 AI 获取反馈后，我们来谈谈 AI 的另一一重价值：创意激发。说白了，不管你的潜力有多大，如果一开始就没什么可说的，那就很难实现从零到一的突破。

我们之前曾质疑 AI 工具是否真的能产生原创性思维。它们通常不会从零开始，而是会重新组合它们之前"见过"的内容（比如数以亿计的书籍和对话），并通过连续预测"下一个单词是什么"来生成内容。从技术上讲，这没有任何问题。但有一点需要注意：创造力，尤其是在早期阶段，并不总是意味着要创造出地球上从未出现过的东西。大多数时候，对于学生和创业者来说，一个好的起点可能是通过连接已有的元素，解决一些对自己或受众来说有意义的问题。

这正是绝对创新和相对创新的区别所在。绝对创新是指发现新的物理定律或从零开始制造量子计算机，这不是一件容易的事。坦白地说，大多数人并不会每天都从事这种级别的创新。相对创新则更为常见，它指的是将一个领域的想法应用到另一个领域，或对现有的事物进行调整，以满足新的受众需求。这种创新是许多成功的学生项目以及硅谷众多初创企业的重要基础。就拿睿深教育来说，我们并没有发明升学指导这个领域，我们只是用一种新的形式（集全球优秀导师资源和自主研发的科技平台于一体）来解决学生和家长的问题。

AI 在相对创新领域的贡献很大。AI 的中枢在本质上是互联网知识的集合，它接触到的想法、模型和框架比任何人都多。当你面对一个空白的文档，试图构思生物电池技术研究项目，或为学生主导的非营利组织起名和制订营销计划，又或是试图找出如何为农村人口设计金融知识课程时，AI 可以成为你的创意伙伴。你可以输入"为我的发展经济学研究项目提出一个计划"这样的提示，它会给出许多实用的想法：介绍世界银行里的政策，总结肯尼亚和孟加拉国的相关案例，推荐行为经济学的框架，甚至指出过往研究的常见误区，以免你重蹈覆辙。这就好比有几个来自不同领域的专业顾问坐在你的书房里，向你分享各种想法。

这对学生特别有帮助。高中或大学早期的作业，大多没有那么复杂。你不需要写出世界上极具开创性的气候政策论文，你只需在已知的基础上，提出一个有力、清晰且有理有据的论点。你也不需要创办一个能解决全球贫困的非营利组织，只需要一个能满足社区需求、吸引大家参与的好点子。学生起步时容易卡住，不是因为他们不聪明或不努力，而是因为从零开始太难了，那种无从下手的感觉特别让人窒息。而 AI 可以打破这种"瘫痪"状态，为你生成 10 份不完美但可用的草稿，至少能让你的思维重新活跃起来。

比如，你可以用 AI 来为模拟联合国会议的演讲出谋划策，或者为学校社团的微信公众号策划内容。你甚至可以让它扮演一个假想的观众："假设你是一个持怀疑态度的评委，你会对这个项目有哪些疑虑？"这种头脑风暴不仅能帮你做好准备，还能锻炼你的批判性思维。从很多方面来说，这都是在回归头脑风暴的初衷：发散思维，不加评判。只要你提出要求，你的 AI 伙伴就会不断产生想法，它绝不会嫌弃你的想法愚蠢或不切实际，也不会要求你给它放假。

　　当然，最终的决策和编辑还得靠你自己。AI 虽然能提供各种想法，但你需要从中筛选出真正值得采纳的。有些建议平平无奇，甚至考虑不周，而有些可能基于过时的假设。其中的关键在于，从提出问题到得到初步方案的时间，已经从几小时缩短到几秒钟。这意味着你可以进行更多的实验、更快的迭代和更好的执行。

　　在我指导学生的过程中，AI 驱动的头脑风暴对学生的帮助越来越明显。比如，我的一个学生想推出一个高中生经济学论坛，与同学们探讨如何将课堂里谈到的劳动经济学、城市经济学、利率和汇率等知识应用到现实世界里的热门话题（例如关税和区域安全合作）。这个想法很棒，但像许多新手一样，他被一大堆问题难住了：论坛该涉及哪些主题？如何对高中生产生吸引力？每次论坛该有什么样的日程？要不要邀请嘉宾？如果要，该邀请谁？

　　以往，我会直接给他提出建议。但这次，我请他先利用 AI，很快迷雾就被拨开了。短短几分钟内，他就根据一份内容丰富、详尽的节目单提出了初步想法，这些想法足以吸引任何年轻听众。从适合初学者的供求关系，到央行银行货币政策、贸易政策、电子货币，再到共享经济等话题，AI 生成了既有趣又严谨的大纲，并帮他找到了教育性和娱乐性的平衡点。此外，AI 还帮他确定了可以邀请的嘉宾。现在，他已经有了一份初步名单，包括高中经济学老师、有想法的同学、年轻的创业者和公共政策教授等。考虑到他是一名高中生，AI 甚至还提供了学生如何联系社会上的专家的建议。

　　他接着问："论坛最好的宣传方式是什么？"AI 很快给出了各种建议，包括从抖音短视频剪辑，到以邮件向校内同学发送热门经济话题相关的调查问卷。虽然 AI 的一些想法有时会偏离实际，过于理论化，或者对他所处的高中环境来说不切实际。我们在几次讨论中一起对结果进行了微调，试图从不稳定性中过滤出切实可行的部分。尽管如此，AI 所提供的大量想法和结构框架还是帮了大忙。它将原本感觉抽象的项目变成了清晰可见的执行计划。那一周结束时，带着完善的规划，他录制了 10 分钟的论坛推广视频，给他的经济学老师和其他嘉宾发送了邮件邀请，还在微信和小红书上发布了一个精美的宣传页。

这位学生并没有让 AI 取代他的创造力。恰恰相反，AI 减轻了学生在创作初期的畏难情绪，打破了惰性，让创作的起步阶段（也就是学生容易打退堂鼓的时刻）变得轻松愉快。当你看到一份清晰的计划，上面列出了 10 个主题、5 个嘉宾邀请建议和 3 种会议日程安排时，你的思维就会被激活。你不再只是空想，而是开始行动。一旦行动起来，你就会逐渐建立起信心。

如前所述，这不一定是绝对创新。你暂时不需要发明下一个 DeepSeek 或发射下一个火星探测器。在高中阶段，相对创新往往绰绰有余。找到一个令你兴奋的问题，然后利用 AI 勾勒出大纲，这将为你的努力增添动力。当你苦思冥想后只能想到一种方案时，AI 会瞬间提供 8 种不同的可能性供你尝试。

归根结底，AI 的真正魔力不在于它能帮你在学习上偷懒，而在于它能成为你随时可以调用的行政助理与思维伙伴。在这个高节奏、信息爆炸的时代，聪明的学生不再单打独斗，而是知道如何和工具并肩作战，把自己从琐碎事务和无谓重复中解放出来，投身更有创

造性、更有价值的工作中。想象一下，你的"助理"正在后台帮你处理本应耗时耗力的日常工作：从"零"开始撰写得体的邮件，在你上课或开会时默默记下每一句话并生成清晰的总结，并在你有疑问时充当一台"打了鸡血的搜索引擎"。与此同时，你的"参谋"不仅随时准备好为你提供各项工作的实时反馈，还能成为你的创意发动机——在你陷入思维瓶颈时，源源不断地为你提供灵感的火花。

就像潜水时不能一个人孤身潜入深海，学习也不该成为一座孤岛。如果你愿意花时间训练 AI 这位助手和伙伴，如果你能保持思辨、善于过滤信息，并带着明确目的与它互动，那么你会发现：有它在身边，思考更快，执行更稳，创意更多，学习更深。未来属于那些能高效调用工具、扩大自己"认知带宽"的人。因此，别再问"AI 会不会让我变懒？"等问题，真正的问题是："你是否已经准备好和 AI 搭档，一起往新的高度进发？"

后记

本书截稿之际，我一边读书、一边创业的"双线人生"已接近12 个年头。在"2025 国际教育领军者年会暨 2025 福布斯中国留学行业系列评选颁奖典礼"上，我有幸被评为"福布斯中国留学行业的领军人物"，而睿深教育也荣膺"中国留学行业领军品牌"。从表面上看，求学与创业有些许矛盾：前者强调规则与稳定，后者寻求风险与突破。但本书意在揭示，即便是还未完全踏入社会的学生，也能像创业者般思考——以企业家的视角对自己的人生进行规划，用实干者的方式来执行和落地，并学会整合身边的资源，实现自我拓展。这种思维将启动"学习力飞轮"，形成持续自我强化的成长循环。

个人品质：内心的博弈

成长始于直面内心冲突的勇气：被拒绝、失败与不确定性恰恰是锤炼创业者品格的熔炉。

第一章指出，失败不是终点而是跳板。三次被心仪院校拒绝的经历反而教会我分析游戏规则、评估自身定位、管理预期。根据我的经验，在这个过程中，你可能会遭遇邓宁 - 克鲁格效应（高估自身能力），需要通过戒骄戒躁的心态来校准目标。此外，你可以通过制定最佳替代方案来减少情绪失落，重新掌握主动权。

第二章将教你破除双重枷锁：既要对抗"别人都这么做"的群体惯性，又要打破自我设限的内心剧本。警惕可得性启发（用易得信息判断真相）与锚定偏差（被初始信息束缚思维），用创业者思维去解锁身边的隐藏机遇与突破性操作。

第三章旨在尝试重置你的认知：躲避风险才是学习生活中的重大风险。通过风险收益矩阵分析，你将发现损失厌恶（害怕失去胜过渴望获得）常常会阻碍我们的行动。而冒险能力可通过"微风险训练"逐步强化：从课堂发言到发起新的社会实践项目，最终让拥抱和管理风险成为肌肉记忆。

执行能力：荣耀背后的耕耘

然而，再强的个人品质也必须通过可以将规划一步步落地的执行力来转化为实际的成果。

第四章"实干家的优势：言行一致和坚持不懈"则解剖了落地和执行能力的本质：我之所以能坚持三年夜间巴士往返双城，是因为习惯循环（提示—行动—奖励）的复利效应。当行动与个人的热情和远景产生紧密关联时，坚持会变得更加容易。而将自己的承诺公开，则可借助外力来进一步巩固自己的执行力。

第五章再次强调了扎实学习的重要性：哪怕你未来想去创业，或者从事自认为与目前学业关联不大的工作，也不能以应付的态度对待眼前的学习。要想实现卓越，你必须为重要时刻（例如大考或者面试）做足准备，如同产品上市前也要经历反复打磨。在这个过程中，你也可以尝试用不同方法将学习游戏化，从而让追求卓越的过程变得更有趣。

第六章提出：铁人三项和潜水等看似耗时的运动不仅是我的娱乐方式，更是我在求学和创业之外调整身心、探索有趣经历的第三空间。越忙，并不一定越累；日子越充实，生活反而越精彩。学会运用适当的工具强化自己的时间管理（电子日历、艾森豪威尔矩阵），提升效率，拒绝拖延，能让你充分优化的自己精力分配，帮助你实现经久不衰的成长。

自我拓展：进一步释放自我能量

当你的未来规划在坚持不懈的执行中一步步变现时，你就需要构建影响力杠杆，让你的努力达到事半功倍的效果。

第七章将提醒你：成功不仅仅要靠自我努力，也需要建立起多元支持网络。弱连接（非亲密人际关系）往往可以带来意外机遇——人际关系需要提前布局，而非临时求助。

第八章则会为你拆解创业合作时的叙事逻辑：用清晰的愿景开场，用电影般的生动细节填充，用幽默与创意让故事升华。别忘了随时记录一些日常生活中的感悟与短暂瞬间，因为这些内容会成为你未来讲故事的绝佳素材。

第九章定义了人机协作的极佳平衡点：既要警惕滥用 AI 导致的认知卸载（过度依赖 AI 削弱人的思考力），又要善用 AI 处理行政杂务（邮件和日程），从而腾出精力投入战略决策与创造性工作。

学习力飞轮的核心在于其闭环效应：让品质和思维驱动执行，

以执行促进自我拓展，自我拓展又能反哺品质升级。

无论你是打算申请心仪院校、找工作还是创业，请学会像创业者一样，利用学习力飞轮打造自己的核心竞争力：保持敏锐、专注使命、持续迭代。未来属于那些让飞轮持续转动的人。

致谢

在创作本书与进行自我反思的过程中，我再次深刻认识到，我每一步的前进，都离不开大家给予的信任与支持。在此，我想向所有帮助过我的人致谢。

感谢我的父母姜正军与刘洁，是你们在家中经济压力巨大的情况下坚持送我去新西兰求学。虽然当时海外教育的回报尚不明确，但你们始终对我坚信不疑。是你们从小教给我学习的价值、敢于冒险的勇气的意义，与坚持不懈的重要性，同时最大限度地给予我成长的空间和决策的自由。没有你们的支持和付出，我不可能像如今这样在世界舞台上锻炼自己的创业思维。

感谢杰米·比顿博士，我的联合创始人、导师与挚友，是你带我走上创业之路，向我展现一位卓越的创业者该如何在学术和工作中挑战极限、高效执行。你对学术卓越的执着追求、对学生全情投入的信念，不仅带领睿深教育在全球蓬勃发展，也始终激励着我不断去突破自我。你是我职业生涯中对我影响极深的人，与你共事，我永远心怀感激。

感谢袁梦，作为我坚定的支持者，你的鼓励与陪伴对我的意义早已超越语言所能表达的分量。你对多个章节的悉心建议、对诸多内容一次次犀利的提问，不仅推动我思考得更深入，也不断为这本书的创作注入着新的灵感，让它得以具有如今的深度。在整个写作过程中，正是你给予我的精神支持，让这段旅程充满了意义与喜悦。

感谢姬佳芸，正是你作为本书策划人倾注的心血，才使它得以顺利出版。从最初对接出版社、统筹翻译，到构思书名与逐段打磨内容，你始终亲力亲为。若没有你的推动与努力，这本书在短时间内恐怕难以与读者相见。感谢你无私的奉献，以及始终如一地给予我的信任与支持。

感谢人民邮电出版社智元微库责任编辑刘艳静老师，在本书的内容打磨、结构优化与整体定位上，你给予了我极具洞察力的建议与指导。在整个出版过程中，贵社的编辑团队协作高效、节奏紧凑，让我对这次合作充满敬意与感激。

感谢宾夕法尼亚大学沃顿商学院前讲席教授大卫·贝尔（David Bell）博士，你对本书理念提出的关键性建议，为"学习力飞轮"概念的核心框架奠定了基础。作为一名有影响力的学者和经验丰富的作者，你从管理学和创业相融的独特视角提出了多个深刻的问题，促使我以更清晰的视角梳理自身经历、组织内容结构，让整本书的核心思想更加鲜明可见。

感谢澳大利亚国立大学高级讲师王智超博士，你不仅是我本科期间对我最具启发性的老师之一，更是激励我对管理学进一步探索的引路人。在我求学澳大利亚国立大学期间和毕业后的多年里，你始终给予我慷慨的支持与细致的指导，在关键节点为我提供了宝贵的意见与帮助。

感谢睿深教育遍布全球各个角落的同事们，你们始终是我在教育行业不断前行的核心动力。你们每天以满腔热情服务学生，以专业的态度和对成果的不懈追求不断推动着睿深教育团队的前行。你们给予我的认可与支持时刻提醒着我要不忘初心。感谢你们始终如一地致力于激发学生的潜力。

感恩所有选择睿深教育的学子与家庭，感谢你们将人生中如此重要的决定托付给我们。你们对睿深教育团队的信任，以及在人生关键阶段与我们同行的选择，让我深知肩上责任的分量。你们展现出的勇气与对成长的渴望是我每日坚持不懈的极大鼓励。能陪伴你们走过这段旅程，是我莫大的荣幸。

姜方洲

2025 年 6 月于斯坦福大学

参考文献

［1］ BEATON J. *Accepted!* ［M］. 1st ed. San Francisco: Jossey-Bass, 2022：288 p.

［2］ 斯涅克. 黄金圈法则［M］. 石若琳，译. 北京：九州出版社，2024.

［3］ 斯洛特曼. 如何成功管理一家软件公司［M］. 陈述斌，陆思佳，译. 杭州：浙江教育出版社，2025.

［4］ 德韦克. 终身成长：重新定义成功的思维模式［M］. 楚祎楠，译. 南昌：江西人民出版社，2017.

［5］ 克利尔. 掌控习惯：如何养成好习惯并戒除坏习惯［M］. 迩东晨，译. 北京：北京联合出版公司，2019.

［6］ 达克沃斯. 坚毅：释放激情与坚持的力量［M］. 安妮，译. 北京：中信出版社，2017.

［7］ 梅尔沃德，克里斯·杨，马克西姆·比莱. 现代主义烹调：烹调艺术与科学［M］.《现代主义烹调》翻译小组，译. 北京：北京美术摄影出版社，2016.

［8］ 赫拉利. 人类简史：从动物到上帝［M］. 林俊宏，译. 北京：

中信出版社，2014.

[9] 赫拉利. 今日简史：人类命运大议题［M］. 林俊宏，译. 北京：中信出版社，2018.

[10] 柯维. 高效能人士的七个习惯［M］. 高新勇，等译. 北京：中国青年出版社，2018.

[11] 哈里根，沙哈. 网络营销 3.0：Google、社会化媒体和博客引爆的集客式营销［M］. 侯德杰，译. 北京：人民邮电出版社，2011.

[12] 斯科特. 绝对坦率：一种新的管理哲学［M］. 崔玉开，崔晓雯，张光磊，译. 北京：中信出版社，2019.